Rainer Zerbst

Gaudí

1852–1926
Antoni Gaudí i Cornet
Una vida dedicada a la arquitectura

Benedikt Taschen

Frontispicio: Retrato de Antoni
Gaudí, fotografía de 1878.

Guardas: Parque Güell, bancos de parque.
Foto: Jordi Sarrà

El presente volumen no habría podido realizarse sin la ayuda de tres publicaciones recientes, que pueden considerarse como sus predecesores inmediatos.
En 1978 apareció en la editorial Rikuyo-Sha una obra en dos volúmenes intitulada *Gaudi: Arte y Arquitectura,* con un estudio del Sr. Juan Bassegoda Nonell, titular de la Cátedra Gaudí de la Universidad Politécnica de Cataluña, e ilustrada con los planos de algunas obras de Gaudí que dibujó el Sr. Hiroya Tanaka. Una selección de estos planos ha sido impresa en el presente volumen. La Fundació Caixa de Pensions de Barcelona organizó en 1984 una gran exposición ambulante sobre Gaudí cuya dirección estuvo a cargo del Sr. Bassegoda Nonell. El catálogo de la exposición, aparecido en cinco idiomas, se debe también a la pluma del Sr. Bassegoda Nonell. Las fotografías de la Fundació Caixa de Pensions y son propiedad del Archivo de la Cátedra Gaudí, el más importante centro de investigación sobre la obra del arquitecto. Parte de esas fotografías fueron empleadas en el presente volumen. En 1985 publicó la casa Rikuyo-Sha bajo el mismo titulo el libro de 1978 en un solo volumen. Tanto este libro como el amplio material publicado en el catálogo ha servido de base para la concepción del presente volumen. El editor reconoce expresamente su deuda para con la labor de investigación original contenida en las publicaciones mencionadas.

Este libro ha sido impreso en papel 100% libre de cloro según la norma TCF.

© 1997 Benedikt Taschen Verlag GmbH
Hohenzollernring 53, D-50672 Köln
© 1985 Rikuyo-sha Publishing, Inc., Tokyo, Japón
Traducción: Carmen Sánchez Rodríguez
Fotos: François René Roland

Printed in Spain
ISBN 3-8228-8549-5
E

Contenido

Gaudí: Una vida dedicada a la arquitectura

El 12 de junio de 1926 parecía que la mitad de Barcelona estaba guardando luto. Un cortejo fúnebre, de aproximadamente un kilómetro, se dirigía con lentitud desde el hospital de la Santa Cruz, en la ciudad antigua, hacia la Sagrada Familia. Millares de personas se detenían en las calles para rendirle el último honor: Antoni Gaudí i Cornet; «el arquitecto más genial», tal y como le llamaría el pintor uruguayo Joaquim Torres García, «el más catalán entre los catalanes». Casi todos los altos dignatarios de la región tomaron parte en el cortejo fúnebre.

Gaudí se había convertido desde hacía tiempo en uno de los héroes populares. El gobierno ordenó que su cadáver fuera depositado en la cripta de la iglesia inconclusa, el Papa dio su conformidad. Gaudí encontró el último reposo en el lugar donde había trabajado 43 años de su vida y al que había dedicado sus 12 últimos años en exclusiva. Había creado su propia patria personal donde se le dedicó un glorioso sepulcro.

Cinco días antes las cosas habían sido completamente distintas. Como todas las tardes después del trabajo, estaba dando su paseo habitual a la iglesia de San Felipe Neri para orar; en el camino es atropellado y arrastrado por un tranvía. Gaudí cae al suelo inconsciente, pero nadie reconoce al arquitecto que, si bien era una figura renombrada en la ciudad, nadie conocía en persona. Los taxistas, al ver a ese hombre de vestimenta pobre, se negaron a llevarle a un hospital (lo que más tarde les ocasionaría una fuerte sanción; algunos transeuntes caritativos se ocuparon de él. Un caprichoso final para uno de los arquitectos más famosos en España, si bien la vida de Gaudí habría de caracterizarse por esa extraña mezcla de contradicciones.

No fue por obra y gracia, sino merced a su trabajo, el que al final acaparara toda la atención de la opinión pública, del estado y en especial del pueblo. Hijo de un calderero, había nacido en Reus el 25 de junio de 1852, lo que no significaba una niñez bendecida precisamente con la riqueza.

El pequeño Antoni estuvo además, ya desde una edad temprana, marcado por la enfermedad. Un problema reumático le impidió jugar con los otros niños en la calle; a menudo tenía que quedarse en casa y, a veces, incluso ser llevado por un asno. Toda su vida estuvo señalada por esa enfermedad, los dolores reumáticos le acompañaron hasta sus últimos días. Los médicos le prescribieron una rígida dieta vegetariana y el conveniente movimiento, de ahí sus paseos a la iglesia de San Felipe Neri. Ya en su juventud hizó muchas excursiones por los alrededores, una costumbre inusitada en aquella época.

Resulta inútil tratar de hacer especulaciones; intentar saber si Gaudí, en el caso de que no hubiese padecido esa enfermedad, hubiera llegado a ser el conocido arquitecto que en realidad fue. En cualquier caso, aunque no podía moverse libremente, dejó divagar su mirada y sus pensamientos. Tuvo que ser un niño precoz que con asombrosos destellos de perspicacia desconcertaba a su entorno. En cierta ocasión, cuando el maestro hizo alusión a que los pájaros

Arriba: Bosquejo de la casa núm. 4 en la calle de San Juan (Reus) donde posiblemente nació Gaudí, desaparecida en la actualidad.

Izquierda: Gaudí en su estudio de la Sagrada Familia, retrato realizado por Ricardo Obispo.

Izquierda: Proyecto para el portal de un cementerio. Diseñado por Gaudí en 1875 como examen en la asignatura de proyecto.

podían volar gracias a sus alas, replicó: «las gallinas del corral también tienen alas, pero las utilizan para correr más deprisa». Conservó durante toda su vida esa agudeza al observar los detalles, así como la costumbre de aprender de la vida diaria; este rasgo suyo habría de impregnar toda su obra.

Su entusiasmo por la arquitectura viene ya de los tiempos escolares en Reus (la citada escuela lleva en la actualidad su nombre) y con 17 años se traslada a Barcelona para estudiar arquitectura.

¿Un genio o un loco?

Incluso siendo estudiante siempre le fue fiel a la praxis. Junto a sus estudios teóricos, tanto en seminarios como en la mesa de dibujo, trabajó para ganar dinero en el despacho de algunos arquitectos barceloneses.

No parece que fuera un estudiante notable, pero sí lo suficientemente bueno como para obtener una sólida formación sobre los conocimientos arquitectónicos básicos. Por su proyecto para el portal de un cementerio, llegaría a obtener la calificación de sobresaliente; con él terminaría además su carrera universitaria, no por cierto sin dificultades.

Arriba: Universidad de Barcelona (fachada principal hacia la Gran Vía de les Corts Catalanes).

En la universidad mostró tanto su entusiasmo por el arte arquitectónico, como su peculiar carácter. Para prestarle más ambiente al diseño de esta construcción, comenzó por dibujar el coche fúnebre que, sin lugar a dudas, resultaba muchísimo más original que el edificio mismo. Tampoco los profesores ignoraron esa caprichosa forma de ser, al director del departamento de arquitectura no le cabía ninguna duda de que con ese proyecto estaba examinando a un loco o a un genio; una opinión con la que Gaudí volvería a tropezar a lo largo de su carrera. Aún habiendo realizado sus estudios de forma conveniente, pronto se alejaría del camino seguido por la arquitectura académica de aquellos tiempos. Gaudí buscaba estímulo en los libros, si bien no se puede decir que comenzara su carrera como un

Pág. 8: Proyecto para el patio cubierto de la Diputación de Barcelona (detalle de acuarela)

Fuente para la plaza
de Cataluña

Arriba: Diseño de una fuente para la Plaça de Catalunya en Barcelona. La fuente, de 40 m. de alto, debería ocupar toda la plaza, si bien nunca llegó a ser construida.

Pág. 11: Proyecto para un embarcadero, alzado frontal (arriba) y lateral (abajo). Gaudí no recibió el premio especial que había esperado con este proyecto.

revolucionario. Sus primeros pasos consistieron en buscar un clima especialmente propicio para desarrollar un estilo personal.

En aquellos momentos la arquitectura europea se encontraba en un momento de apertura y búsqueda, las normas fijas u obligatorias habían desaparecido. Durante el siglo XIX, la ciencia de la historia acabó por establecerse en la universidad; se comenzó a investigar el pasado, también en el terreno artístico, que se presentaba desentrañado ante los jóvenes estudiantes. La consecuencia fue en algunas ocasiones un eclecticismo desbordante al que también contribuyó la generalización de algunas corrientes de moda.

El riguroso corsé, impuesto por la rigidez de las reglas clasicistas, comienza a rasgarse. El romanticismo había predicado la libertad del indivíduo y su expresión más clara quedó patente en el estilo de los jardines: Al jardín geométrico francés, limpiamente recortado y estructurado, le sucedió el florecimiento de los jardines paisajísticos ingleses. Vegetación natural era la máxima del momento y pronto se propagaron los selectos jardines de apariencia salvaje.

A todo ello se le unió una verdadera admiración por el pasado y en especial por la Edad Media; la cual, tras las averiguaciones del XVIII, había sido declarada como una época lúgubre, siniestra. El gótico volvió a renacer; aunque hay que decir que bajo ese nombre fue incluido todo aquello que de alguna manera parecía medieval. Se

construyeron castillos en el antiguo estilo, se instalaron ruinas falsas en los jardines. Esa fuerte inclinación contra la línea estricta se extendió y condujo, definitivamente, a la creación de una red ornamental que es considerada como uno de los principales rasgos distintivos del Art Nouveau.

Aunque la península ibérica siempre había permanecido un poco al margen de las grandes corrientes europeas, todo ésto no habría de dejar insensible a su mundo artístico. Los escritos del teórico inglés John Ruskin, fueron devorados con ansiedad y no quedaron sin consecuencias. Ruskin predicaba en 1853: «El ornamento es el origen de la arquitectura»; tres decenios más tarde Gaudí abogaría por ese mismo ornamento con todo su ardor. La gran puerta de hierro en el palacio Güell, concebida a finales de los años 80 en Barcelona, no podría acercarse más al nuevo estilo.

Gaudí en 1878. El artista siempre huyó de los periodistas, de ahí que esta foto sea considerada como una auténtica rareza. Es uno de los pocos retratos que se conservan de él, muestra al joven arquitecto al comienzo de su carrera, abierto al mundo y adicto a la seductora vida en sociedad (la fotografía se encuentra en el museo de Reus)

El dandy

Gaudí estudió en la universidad el estilo neogótico, especialmente siguiendo las teorías de los arquitectos franceses. El libro de Viollet-le-Duc sobre la arquitectura francesa de los siglos XI al XVI, se convirtió en la Biblia de los jóvenes arquitectos y, por supuesto, también de Gaudí, quien incluso viajaría a Carcasona cuya ciudad antigua había sido restaurada por el gran teórico francés. El artista inspeccionó los muros con tanto detenimiento que hasta un habitante de la vecindad, creyendo estar ante el propio maestro, se acercó para dispensarle los debidos honores. El por qué de esta confusión residía en la conducta del artista en sus primeros años como arquitecto. Este joven nos ofrece una imagen desconcertante cuando se compara con la del anciano Gaudí; un hombre pobremente vestido que, aunque sin temerlos, no buscaba el contacto con los periodistas y huía de las cámaras, de ahí que apenas se hayan conservado fotografías suyas.

No había sido alguien especialmente bendecido con la riqueza; durante sus estudios vivió dentro de una relativa pobreza viéndose obligado a trabajar, pero tan pronto como abandonó la universidad, intentó resarcirse de todas las privaciones pasadas. Resulta conocida su inclinación a presentarse como un dandy siempre a la moda; lo que, por otra parte, estaba muy generalizado en aquellos tiempos en que escritores como Oscar Wilde habían elevado el aspecto externo, la vestimenta cuidada y refinada, al ideal máximo. Su aspecto era además, grandioso y poco común en España: abundante cabello rubio, profundos ojos azules y una arrogante figura; naturalmente que así no podía pasar desapercibido. Compraba sus sombreros en la casa «Arnau», uno de los mejores comercios del ramo; su tarjeta de visita estaba diseñada con todo esmero — conservada en el museo de Reus — y el excepcional peluquero Audonard había matizado su barba con un ligero tono grisáceo. Tan sólo los zapatos eran usados,

Arriba: Puerto de Barcelona en 1872. La foto de fe de la vertiginosa expansión de las zonas marginales barcelonesas en un período de progreso.

Abajo: Passeig de Gràcia en 1870.

Izquierda: Esquina entre las Ramblas y la calle de Pelayo, un punto de encuentro para los intelectuales muy frecuentado por Gaudí en sus tiempos de estudiante.

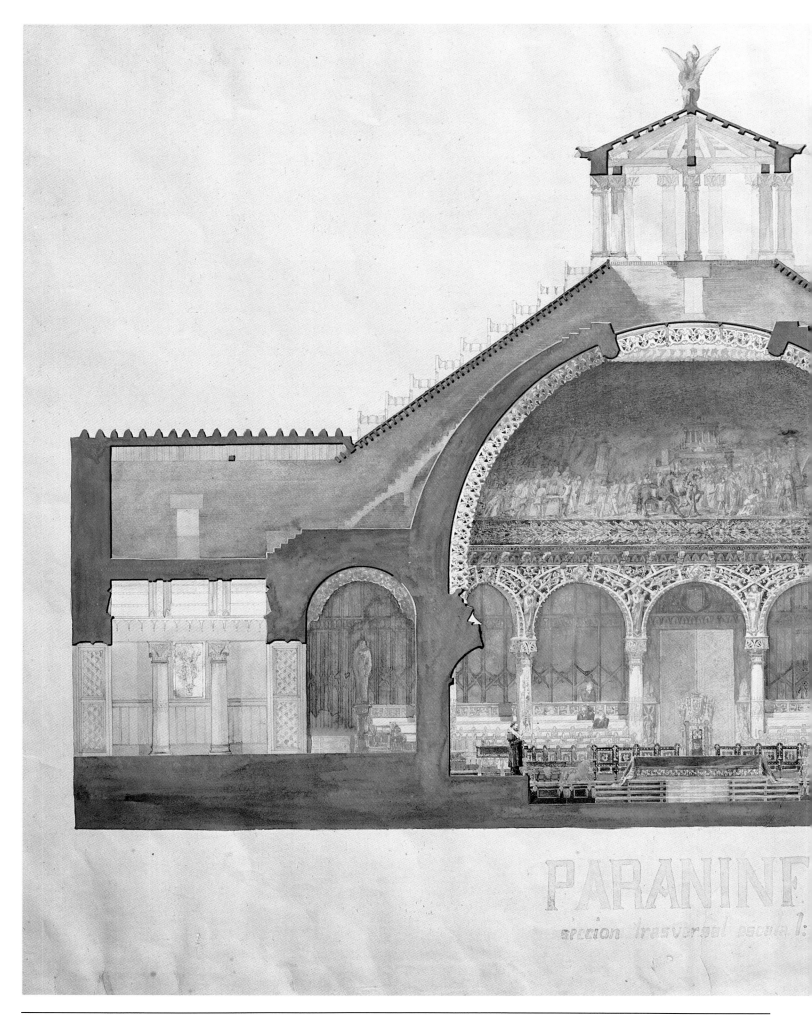

PARANINF

Proyecto para el examen de admisión: Sección transversal del Paraninfo de la universidad. En él se aprecia la inclinación del arquitecto a combinar diferentes estilos artísticos y conseguir, al mismo tiempo, una obra de carácter propio: El espacio central cupulado contrasta con la austera fachada rectangular. Gaudí estaba proponiendo una síntesis estilística al revestir la cúpula con un tejado a dos aguas, posiblemente fue esto lo que desconcertó a los profesores de la Academia que sólo le concedieron la nota de aprobado.

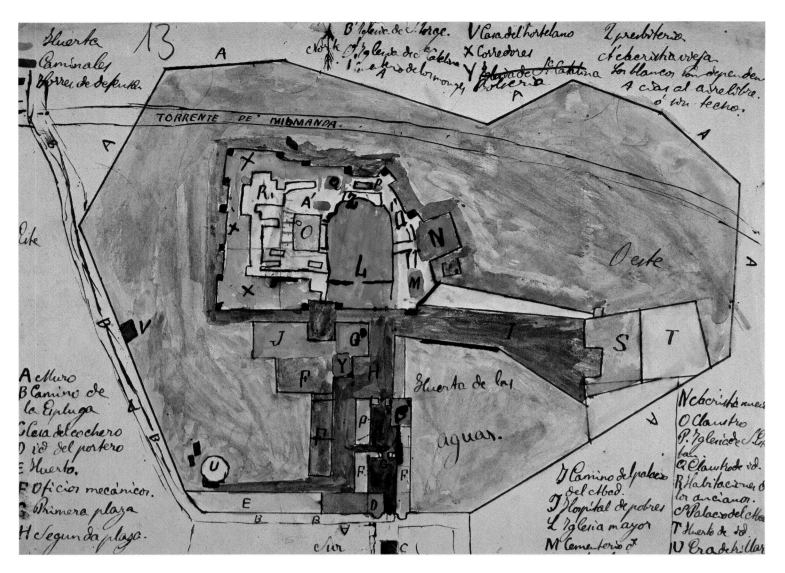

Planos para la renovación del Monasterio de Poblet, uno de los trabajos en los que tomó parte durante los cursos de preparación para la universidad. Dibujo de E. Toda.

ya que los nuevos le resultaban incómodos y, para ello, hacía que su hermano los llevara durante un tiempo (como se ve, el carácter práctico le acompañaba a todas partes). ¡Qué distinto era el aspecto del arquitecto en su vejez, un hombre que se conformaba con una escasa comida, cuando no renunciaba a ella por completo o se retiraba de la mesa todavía hambriento!

En el fondo de su corazón Gaudí permaneció siempre fiel a su origen. Se sentía unido al pueblo. Cuando tuvo el accidente con el tranvía y finalmente se le reconoció públicamente, quisieron trasladarle en la clínica a una habitación de lujo; sin embargo él se negó con obstinación: «Mi sitio está aquí, junto a los pobres». Esto no estaba en consonancia con la predilección del joven Gaudí por la distinguida sociedad; hay que decir no obstante que esta sociedad estaba compuesta de artistas e intelectuales, que se distinguían por su cultura.

Barcelona a fines de siglo

Barcelona era una ciudad en aumento, ya en 1859 habían sido derruidos los muros de la ciudad vieja, que estallaba por los cuatro costados. En pocos años se extendió de 20 a 200 hectáreas. Durante la segunda mitad del siglo XIX la población se multiplicó por cuatro.

La economía florecía gracias a la industria del algodón y del hierro, y la burguesía ascendente se encontraba en su mejor momento. Todo ello elevó el nivel de la cultura. A los ricos les gustaba rodearse de artistas y escritores que a menudo incluso vivían bajo el mismo techo. Para un arquitecto era éste el punto de partida ideal, y no es de extrañar que casi todas las obras de Gaudí fueran realizadas en Barcelona, puesto que no le fue preciso buscar otros campos de acción. Todo aquel que hoy en día ame la obra de este artista, no tiene más que dar un paseo por la ciudad Condal para ver sus principales creaciones.

El derruido monasterio de Poblet fue una de las metas habituales del artista en sus numerosas excursiones, anteriores a los años universitarios, para visitar los monumentos más importantes de la región.

El nuevo entorno social no dejaría de marcar la forma de pensar del arquitecto en sus comienzos; pronto adoptaría la extendida posición entre los jóvenes contraria a la Iglesia. Al mismo tiempo, le fascinaban las nuevas teorías sociales; si bien se sentía a sus anchas entre los intelectuales, era también partidario de buscar un compromiso en relación a los problemas de los trabajadores.

No es por pura casualidad que su primer gran proyecto se ocupara del alojamiento de los trabajadores de una fábrica. Se trataba de un trabajo conjunto con la cooperativa de Mataró, una empresa ambiciosa que recordaba las ideas del reformador social inglés Robert Owen, un gran industrial que había abogado con pasión por la mejora del nivel de vida de los trabajadores. El proyecto de Mataró debería aportar las bases materiales de la citada mejora. La época, sin embargo, todavía no estaba preparada para tales innovaciones y sólo se construyeron una nave de la fábrica y un kiosco, lo que desilusionó al joven Gaudí. En cualquier caso el proyecto constituía el comienzo de la fama al ser presentado en 1878 en la Exposición Universal de París, dónde Gaudí entablaría amistad con Antoni Güell, el promotor de muchas de sus construcciones posteriores.

Pero todavía no había llegado ese momento, Gaudí estaba a la busca de un estilo propio y se dejaba llevar por todas las corrientes reinantes, como el neogótico, un estilo que tampoco estaba libre de connotaciones políticas. El descubrimiento del gótico había presupuesto el reconocimiento de una época en toda Europa, pero en Cataluña cobró un aliciente complementario.

Gaudí nacionalista

A pesar del crecimiento económico catalán, la situación política de la región en aquella época podría definirse como retrógrada, sobre todo si se la compara con su glorioso pasado. Bajo la dominación romana el país se convirtió rápidamente en un centro comercial, y en 1343 fue declarada sede episcopal. Durante la Edad Media fue un condado independiente — llamada «Gotalonia» por los visigodos que hicieron de Barcelona la capital de su reino en el siglo V d. de Cristo — con lengua y derecho propios.

Tras la creación del reino español gobernado por Castilla, la región fue perdiendo poco a poco su independencia hasta que a comienzos del siglo XIX incluso se llegara a prohibir la utilización del catalán en las escuelas. El resurgimiento de la Edad Media a fines del siglo XIX, así como el descubrimiento del gótico, fue para los catalanes algo

Fachada al Jardin *Escala 1/50.*

Modelo para el casino de la cooperativa «Obrera Mataronense»: Fachada hacia el jardín (izda), fachada a la calle (dcha). Los planos para esta cooperativa se remontan a 1873, año en el que fue diseñada la bandera; los diferentes edificios se proyectaron en 1878, pero sólo se construyó una pequeña parte de los mismos.

más que una cuestión puramente artística: de lo que se trataba en verdad era de un resurgimiento político. También Gaudí se sintió afectado por este entusiasmo nacionalista, se hizo miembro de la «Associació Catalanista d'Excursions Científiques» que hacían viajes para visitar los lugares de ese ilustre pasado. Gaudí se sentía profundamente catalán; durante toda su vida habló demostrativamente sólo esta lengua, incluso cuando las instrucciones para los trabajadores de las obras tuvieran que ser traducidas primero. Ya en la vejez, cuando en una ocasión se vea obligado a comparecer ante los tribunales, se negará rotundamente a contestar las preguntas en castellano.

Gaudí nunca vinculó todos estos pensamientos con un programa político o un partido determinado, más que nada se sentía unido a su tierra y su pueblo de una forma natural y emocional. Las visitas a los monumentos de la antigüedad no deben haber tenido un significado político, sino más bien una ampliación de los conocimientos sobre los monumentos arquitectónicos de su patria. A estos edificios pertene-

MATARONENSE — =Casino=

Fachada a la Calle

cían, junto con las catedrales góticas — como la de Tarragona a 10 km de Reus — las obras de arquitectura musulmana procedentes de los tiempos de la dominación árabe en España. La admiración por estas obras la compartía con muchos contemporáneos suyos. Una vez más se extiende por la península, con retraso respecto a Europa, el entusiasmo por lo exótico. Esta moda había comenzado en Europa central ya en el siglo XVIII, una vez pasado el peligro de la invasión turca — los turcos habían sido rechazados en 1688 ante las puertas de Viena — y cuando sólo quedaba la atracción por aquellos países lejanos. En España, el pasado árabe formaba desde hacía siglos parte de la historia; lo extraño tenía aquí menor fuerza de seducción. A pesar de todo, la ola de orientalismo, que durante el siglo XIX reinaba en los salones más refinados, se hace notar en el país a través de la fascinación por lo exótico. El dibujo que Gaudí presentó en la universidad para su examen de admisión recuerda un poco las fachadas árabes, aunque también pueden hallarse reminiscencias de las grandes obras cupuladas del renacimiento italiano.

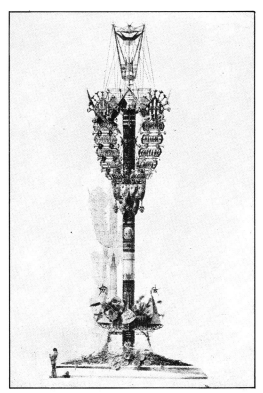

Arriba: Farola concebida para el Passeig de Muralla del Mar en Barcelona. Atestigua el nacionalismo de Gaudí, pues en ella debían ser grabados los nombres de los almirantes catalanes más importantes.

Los primeros intentos

La meta de Gaudí nunca fue la pureza de estilo; no imitaba con exactitud, sino que más bien se inspiraba en los edificios de la antiguedad, siguiendo las enseñanzas de Viollet-le-Duc, quien había prevenido contra una mera copia de los modelos antiguos: hay que analizar las grandes obras del pasado para poder enriquecer el presente con nuevos conocimientos. Las creaciones de Gaudí pueden ser consideradas como la puesta en práctica de ese programa teórico (la reconstrucción de la ciudad vieja de Carcasona realizada por Viollet-le-Duc es, en gran parte, una nueva creación y no una simple reconstrucción). Es posible que precisamente la mezcla de diversos estilos en el trabajo que presentó para ser admitido a la universidad, le haya valido la nota de «aprobado».

Esa falta de reconocimiento por parte de los organismos oficiales, por lo menos en la forma de premios, le habría de acompañar durante toda su vida. Quizá fuera este el motivo de que Gaudí sintiera que había fracasado con su trabajo, o por lo menos así lo declaró a menudo. Resulta evidente que sus ideas arquitectónicas eran más audaces de lo que las instituciones municipales y estatales podían aceptar y premiar. Sólo en una ocasión le fue otorgado una mención honorífica, precisamente por uno de sus edificios más convencionales, la casa Calvet. Recibió encargos de origen oficial en muy escasas ocasiones, tan solo al comienzo de su carrera tuvo la oportunidad de trabajar para la ciudad en un pequeño proyecto: La ciudad de Barce-

Derecha: Farola creada por Gaudí en la Plaça Real de Barcelona.

La Escuela Superior de Arquitectura de Barcelona adquirió en 1871 una serie de fotografías de edificios orientales que provocarían la fascinación estudiantil. Gaudí entró, a través de ellas, en contacto con la arquitectura de Oriente.

lona encargó, en febrero de 1878, «al joven y capaz arquitecto D. Antoni Gaudí», el diseño de una farola que fue llevada a cabo con la aprobación de la prensa y el pueblo. Por lo demás, trabajó casi siempre en y para su escritorio; planos y proyectos que nunca se llevaron a cabo, quitando algunas excepciones entre las que cabe destacar su propia mesa de escritorio, con tanto empaque como un pequeño edificio y que por desgracia ha desaparecido.

Aunque Gaudí no contó con la aprobación de las instituciones oficiales, no hubiera podido quejarse de falta de reconocimiento; siempre hubo mecenas a su alrededor que le elogiaron y fomentaron su trabajo. Apenas había realizado su primera obra importante, cuando recibió una lluvia de encargos. Resulta interesante destacar que la obra más importante de su vida le fuera encargada antes de haber llamado la atención de la opinión pública. Aún no había emprendido la construcción de las primeras obras que pondrían de manifiesto su originalidad — la casa Vicens, la casa de campo el Capricho y en especial el palacio Güell — cuando le fue confiada una de las empresas más ambiciosas en Barcelona. La «Asociación de devotos de San José» había comprado en 1881 un bloque de casas en la periferia de la ciudad; en ese solar debía ser construida una iglesia dedicada a la Sagrada Familia.

Tras el proyecto latía un propósito de tipo político. Querían que sirviera como protesta contra la creciente industrialización y la pérdida de los antiguos valores. Durante el siglo XIX San José se había convertido en el patrón de todos aquellos grupos, dentro de la iglesia católica, que propagaban una reacción contra la secularización progresiva. El reconocimiento de la familia debería fomentar el retorno a la moral tradicional. No se había pensado construir únicamente una iglesia, sino que alrededor de la misma, debería asentarse todo un complejo de instalaciones de tipo social como escuelas, talleres, salas para conferencias, etc., todas ellas dirigidas por la iglesia. Se trataba

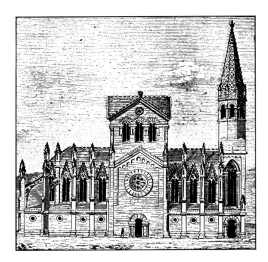

Arriba: Alzado lateral de la Sagrada Familia según la concepción de Francisco de Paula de Villar. En arcos y arbotantes se aprecia la influencia neogoticista.

Abajo: Plaza de toros madrileña erigida por Emilio Rodríguez Ayuso, ejemplo del estilo neomudéjar que estaba de moda a finales del siglo XIX.

de un proyecto similar al promovido por la cooperativa de Mataró en el que Gaudí, poco antes, había tomado parte intensamente.

En principio no se había previsto contratar a Gaudí, un arquitecto demasiado joven y desconocido. La obra le fue concedida a Francisco de Paula i Villar, para el cual Gaudí había trabajado en sus tiempos de estudiante, por ejemplo en la iglesia de Monserrat. Villar propuso un modelo neogótico y comenzó con los trabajos de la cripta, pero enemistades con la asociación hicieron que se retirara del proyecto. Pero, ¿por qué fue precisamente Gaudí quien recibió el puesto de mayor responsabilidad? Sobre esta pregunta sólo se pueden hacer especulaciones; quizás debido a su colaboración en Monserrat, quizá por la negativa de Juan Martorell, el arquitecto que debería haber continuado con la obra y principal representante del neogótico en Cataluña. Nuestro joven artista había colaborado con él en los años 80, consiguiendo una combinación del neogótico y la tradición cerámica española. Es posible que fueran todas estas pruebas las que determinaron la decisión final; en cualquier caso, el 3 de noviembre de 1883, Gaudí toma posesión del cargo como sucesor de Villar y comienza con ello una obra que le ocuparía el resto de su vida e incluso sería continuada después de su muerte. Hasta ese momento el artista había intentado demostrar su valía como arquitecto, pero el encargo para la Sagrada Familia parece constituir el preludio de una carrera en ascenso y ya en el mismo año le seguirán otros dos grandes proyectos. Gaudí abrió, ya desde sus primeras obras, nuevos caminos a la arquitectura.

El fabricante de ladrillos Manuel Vicens i Montaner le había encargado en 1878 la construcción de una casa, los trabajos comenzaron en 1883 en la calle Sant Gervasi de la Ciudad Condal (en la actualidad calle les Carolines). Resulta difícil buscar elementos que definan su estilo, la planta del edificio no era especialmente original, sino que su encanto residía en la configuración de la fachada y el interior de las habitaciones. Se puede descubrir una inequívoca influencia árabe en las torrecillas que decoran el tejado y que recuerdan los minaretes de las mezquitas, o en la decoración a base de azulejos que semejan los motivos ornamentales de los edificios islámicos. A pesar de ello, no se puede hablar de una simple imitación del arte árabe, sino más bien de una inspiración o estímulo al que Gaudí incorpora elementos propios; sería más correcto pensar en un estilo mudéjar (estilo artístico en el que se mezclan elementos arquitectónicos árabes e hispanos). La línea puramente musulmana podría encontrarse en el fumoir (salón de fumadores).

El período árabe

Lo más importante en esta obra es el empleo de diferentes materiales, la conjunción de piedra de mampostería sin labrar con azulejos de cerámica; una combinación que se repetiría una y otra vez en sus construcciones. Los trabajos en este edificio no se concluyeron hasta pasados cinco años, con ello hacía su aparición otra de las características que definen el modo de trabajo de Gaudí: la construcción «orgánica» en la que una idea se va sumando a las precedentes. Esta forma de construir llevaría a los dueños del edificio casi hasta la ruina. Con la introducción de los azulejos se impuso una nueva moda en Cataluña que habría de recompensar con creces a Vicens, fabricante de los mismos.

La casa de campo en Comillas, construida paralelamente a la casa Vicens, presenta caracteres estilísticos similares, si bien cuenta con una dosis mayor de fantasía. En ella se puede encontrar el mismo zócalo realizado en piedra sin desbastar, sobre el que se levanta un muro ricamente decorado con azulejos multicolores. Las resonancias árabes son todavía más claras, sobre todo en la delgada torre que se eleva hacia lo alto igual que un minarete y que culmina en una original cubierta. Hay que observar con más detalle para darse cuenta de que el estilo árabe es sólo aparente; el diseño de las baldosas presenta un dibujo de origen europeo: una flor parecida a un girasol. Este motivo reaparece siempre y es en esa repetición dónde se debe encontrar la alusión a los principios constructivos árabes. Nada es uniforme, de ahí que el nombre de «El Capricho» concuerde con la realidad Tampoco es la única creación del maestro que reciba un

Casa Vicens, realizada por Gaudí entre 1883 y 1888 en la calle les Carolines de Barcelona. Aunque la ornamentación a base de azulejos recuerde el arte árabe, responde a la fantasía particular del arquitecto. En esta primera obra del «período árabe» se pone de manifiesto la forma que tiene Gaudí de tratar los modelos artísticos históricos.

Fachada este del Capricho, chalet construido de 1883 a 1885 para D. Máximo Díaz de Quijano. La casa ofrece desde este lado un aspecto puramente convencional; si bien la mezcla de materiales prenuncia la parte frontal del edificio concebida en estilo mudéjar.

sobrenombre; por ejemplo, la casa Milà será conocida popularmente como «La Pedrera», haciendo referencia a su aspecto exterior similar a una cantera.

Así pues, tenemos un período en el que predomina la línea árabe, aunque no pueda decirse con toda exactitud si recuerda modelos árabes o persas. Ya durante esta época Gaudí intimaría con alguien que habría de ejercer sobre él una influencia pareja a la de su propio trabajo en la Sagrada Familia. En el transcurso de la Exposición Universal de París, donde el artista también presentaba algunos proyectos, atrajo la atención de un hombre que demostraría tener una personalidad similar a la del joven arquitecto: Eusebi Güell i Bacigalupi.

Güell, el gran promotor

Güell era un ejemplo típico de la nueva Cataluña; se había enriquecido gracias a la industria textil y, a través de sus viajes a Inglaterra, había conocido las últimas corrientes artísticas y las nuevas ideas de reforma social. Gaudí se convirtió pronto en uno de los invitados asíduos de la casa Güell, siempre abierta a los artistas, en la que quizá leyera los escritos de William Morris y John Ruskin. En cualquier caso, fue en una de aquellas tertulias dónde entró en contacto con las formas precursoras del modernismo, ya que en ellas era habitual la lectura de los poétas prerrafaelitas, en especial de Dante Gabriel Rossetti, pintor y escritor que propagaba la vuelta a la Edad Media y los ricos ornamentos que presuponían una liberación de la estrictas reglas clasicistas.

El mecenas recibió en 1910 el título de conde, aunque Gaudí siempre lo había considerado como un aristócrata; para él, la verdadera nobleza se expresaba por medio de una sensibilidad excepcional, un destacado proceder y una buena posición. Güell poseía todas estas cualidades y había encontrado en Gaudí su imagen ideal: la combinación de genio artístico y compromiso social.

Gaudí proyecta en 1883 un pabellón de caza para el industrial en Garraf, el cual presenta la misma combinación de ladrillo y piedra que la casa Vicens o el Capricho. El proyecto nunca se llevó a cabo, pero en 1884 comienza la renovación de la casa de Güell en Barcelona en la que también pueden apreciarse elementos de inspiración árabe, como las amaneradas torrecillas del picadero. Por otro lado, ya se hacen perceptibles las nuevas tendencias: en la puerta del jardín se observa claramente que el arquitecto ha asimilado las influencias norteñas. El interior de las cuadras — en la actualidad albergan la Cátedra Gaudí de la Escuela Técnica Superior de Arquitectura — muestra las formas neogóticas inconfundibles que el artista continuaría perfeccionando durante los próximos años.

Eusebi Güell i Bacigalupi, amigo íntimo y protector de Gaudí, para el cual proyectó en 1883 un pabellón de caza en Sitges; después le seguirían otros cinco trabajos más. La foto muestra al cultivado industrial de creencias católicas en 1915 cuando recibió el título de conde.

Los logros de esa nueva dirección se encuentran en la primera gran obra realizada para Güell. Gaudí comienza en 1886 la casa para el fabricante en Barcelona que se terminaría convirtiendo en un palacio. Aquí se descubre, por vez primera, su personal método de trabajo: en lugar de abordar la realización de un edificio partiendo de un plan fijado con antelación, desarrolla el trabajo paulatinamente a lo largo de la construcción. Podría decirse que sus creaciones cobran forma igual que las plantas en la naturaleza, que se van transformando a medida que crecen. Al principio se había previsto hacer una habitación al borde del edificio que sirviera a Güell, entusiasta admirador de Wagner, para escuchar música. La citada habitación debió adquirir un carácter fascinante conforme avanzaba la construcción, ya que pasó a convertirse en el centro neurálgico del proyecto y llegó a ocupar más de tres pisos del mismo.

Con una especie de «garaje subterráneo» para carruajes y un auténtico bosque de originales chimeneas, el palacio adquiere auténticos rasgos fantásticos; aún cuando siempre se puedan rastrear las huellas de los estilos históricos: abundantes ornamentos metálicos de línea modernista o los arcos apuntados de inspiración gótica.

El período gótico

Los otros dos edificios, concebidos durante esos mismos años, se nos presentan en comparación como rigurosamente góticos; no hay que olvidar que se trataba de construcciones religiosas.

Gaudí completó el piso superior del Colegio Teresiano de Barce-

El Palacio Episcopal de Astorga (León) pertenece al segundo período estilístico: A pesar de las formas neogóticas, se evita la adhesión total a los ejemplos históricos.

Portal central de la planta baja en el Colegio Teresiano. El arco parabólico aparece desarrollado en toda su extensión.

lona, un edificio de formas austeras, puramente neogóticas si se quiere, pero con la peculiar impronta gaudiniana.

Como estudiante había aprendido de Viollet-le-Duc que las grandes obras de la antigüedad debían servir como estímulo, procurando evitar hacer de ellas una mera imitación. Esta advertencia concordaba por completo con las ideas del artista que, si bien se sentía fascinado por el gótico, pensaba que era un estilo imperfecto con defectos en el ámbito constructivo. Concebía los arbotantes – elemento imprescindible en el gótico – como un simple apoyo para recoger el peso de las bóvedas y los llamaba despectivamente «muletas» y su máxima aspiración era levantar un edificio sin ellas. Encontramos los primeros indicios en la inclinación ascendente de los arcos parabólicos – pseudoparabólicos – que configuran los pasillos superiores del Colegio Teresiano.

Los imponentes muros perforados por ventanas ojivales de una casa en León y del Palacio episcopal de Astorga se presentan como un auténtico retorno a la Edad Media; sin embargo, ya aparece el elemento con el que Gaudí quiso suplir el defecto del gótico: el pilar inclinado.

Estas obras reclamaban todas las energías del arquitecto, sobre todo si tenemos en cuenta que al mismo tiempo continuó dirigiendo los trabajos de la Sagrada Familia. Apenas si le restaba tiempo para su vida privada; nunca contrajo matrimonio, aunque dos veces estuvo a punto de hacerlo. Quizá no hubiera permanecido soltero si la joven americana que conoció en una de sus visitas a las catedrales, no hubiera estado prometida. Se dice que estuvo prometido a la edad de 32 años, pero estas informaciones sólo se basan en rumores. En cualquier caso demuestran su total dedicación a la arquitectura.

Hacia un estilo propio

Tras un corto intermedio de austeras construcciones de inspiración gótica, se dedicará desenfrenadamente a desarrollar su propio estilo, alejándose cada vez más de cualquier tipo de imitación, tan sólo se encuentran ligeras reminiscencias modernistas. Quizá sea esto lo único destacable en la casa barcelonesa construida en 1898 para los herederos de Pere Mártir Calvet; con ella comienza el período de dedicación exclusiva a la ciudad.

Nunca había viajado demasiado, si exceptuamos sus excursiones en la época de estudiante, dirigiendo su empeño hacia Santander, León (Palacio episcopal de Astorga y la Casa Botines) y Barcelona. La reforma de la catedral de Palma de Mallorca, la obra más importante del neogótico español, fue una excepción de gran atractivo para Gaudí. Se trataba de trasladar el coro de la nave principal a la zona del altar, con lo que la tensión ascensional del espacio interior gótico cobraba un valor nuevo – tema que había fascinado al artista durante sus intensivos estudios del gótico.

Había conseguido ganarse gran fama como constructor de iglesias, y sus discípulos, que eran a la vez sus ardientes admiradores, se encargaron de difundirla. Con la Casa Calvet y la Casa Botines, había practicado la construcción de casas privadas; tan solo le restaba un

descubrimiento por hacer, y la ocasión vino de la mano de Eusebi Güell que tantos otros encargos le había proporcionado.

Gaudí recibía casi todos los contratos por canales privados. Apenas si hubiera conseguido el encargo para el Palacio Episcopal de Astorga, de no haber sido por la influencia del obispo Juan Bautista Grau que, además de haber nacido en Reus, era un antiguo conocido del artista. Al morir Grau, durante la construcción del Palacio, surgieron disensiones con el episcopado y Gaudí abandona la obra. Tras la marcha del artista catalán, el edificio permanecería inacabado hasta 1915 y, desde 1963, ha sido dedicado a museo.

Torres de ventilación sobre el tejado de la portería en la finca Güell. A fines de los años 80, en su segundo trabajo para Güell, soluciona con originalidad y fantasía el problema de las aberturas de ventilación. Gaudí las convirtió en curiosas esculturas casi surrealistas o en imaginativas «torres de iglesia».

Un parque de inspiración inglesa

Gracias a un ambicioso proyecto de Güell, se amplia el ámbito de influencia del artista. El industrial, durante sus viajes a Inglaterra, se había sentido cautivado por los jardines británicos y deseaba que en Barcelona fuera realizado algo similar, una ciudad-jardín que estuviera en completa armonía con el paisaje. Solamente se llevaron a cabo dos de las casas planeadas; el parque Güell es uno de los numerosos proyectos incompletos de Gaudí.

El parque en sí es mucho más importante que las dos villas, ya que se convirtió en una creación de inusitado atrevimiento dónde el arquitecto, en plena madurez, consigue la plasmación en la realidad de su desbordante fantasía. Aún cuando los planos fueran de una osadía mayor que la propia realización, el resultado presupone la ruptura con todas las tradiciones arquitectónicas existentes hasta el momento. Los edificios, en especial la gigantesca terraza del centro, se pueden definir como audaces desde el punto de vista constructivo; la concepción de las superficies y contornos es testigo de una libertad que apenas hoy día encuentra parangón.

Por primera vez, Gaudí lleva a la práctica su concepto integral del oficio del arquitecto. Su gran ídolo teórico, John Ruskin, ya había abogado por una arquitectura que representara la síntesis del arte. El arquitecto debía ser pintor y escultor al mismo tiempo, cualidades que Gaudí reunía. Ese largo banco a base de fragmentos cerámicos,

Vista parcial de la gran terraza del Parque Güell que se inserta en un paisaje de exhuberante vegetación.

que serpentea inacabable delimitando la explanada, casi parece un lienzo multicolor de Joan Miró. Los azulejos crean algo parecido a una pintura surrealista, si se desea una pintura tridimensional dentro de la naturaleza. El artista continua imperturbable dando forma a sus fantasías arquitectónicas que no son simples locuras, sino que se basan en una estricta técnica constructiva.

Cuando se dedique a la creación de dos bloques de edificios, será para conseguir algo completamente nuevo. Entre 1904 y 1906 realiza, en el Paseo de Gracia núm. 43 de Barcelona, una casa de la máxima originalidad. Si el Parque Güell exhibe la desbordante fantasía de un arquitecto embriagado de color, la Casa Batlló apunta a una arquitectura que se aleja cada vez más de la creación artística humana. La brillante fachada verde azulada recuerda la superficie del mar con pequeñas crestas de espuma, los marcos y las repisas de las ventanas parecen estar amasados de barro. La fachada, a pesar de estar estrictamente engarzada entre las dos tímidas casas vecinas, da la sensación de estar en movimiento; todo parece brotar y retroceder. El tejado plagado de chimeneas es como una versión en miniatura del parque Güell. La calefacción descentralizada era la costumbre corriente en la Barcelona del momento; esta situación fué aprovechada genialmente por Gaudí para la concepción de las chimeneas como destellos de su desbordante fantasía.

El pueblo estaba estupefacto, nunca había existido algo parecido, pero el desconcierto fue todavía mayor con el segundo proyecto en el núm. 92 de la misma avenida. En este caso no se trata de una simple casa ensartada en una fila de edificios, sino de una gran casa haciendo chaflán. En comparación con la Casa Batlló hay que reseñar la pérdida del color; pero la turgencia del edificio, no sólo permanece, sino que se intensifica: ventanas y balcones redondeados que perforan el muro a modo de alveolos, un auténtico vaivén agita los muros. Parece que estuviésemos en las cavernas de los pueblos africanos o en las catacumbas de San Pedro de Salzburgo. El movimiento se continua en el espacio interior. Gaudí ha llegado al climax de la arquitectura orgánica, la casa parece crecer por sí misma, desapareciendo los habituales muros de apoyo; más que una casa, en el sentido estricto de la palabra, se trata de una gigantesca escultura.

Juan Bautista Grau i Vellespinós, obispo de Astorga, nacido también en Reus. Uno de los grandes protectores del artista. Consiguió frente a la Junta Diocesana que Gaudí fuera aceptado como arquitecto del Palacio Episcopal astorgano y ejerció una gran influencia sobre sus análisis de la religión y liturgia católicas.

La obra cumbre

Si la Casa Batlló había sembrado el desconcierto en la opinión pública, la Casa Milà la dejó boquiabierta. Sólo se podía reaccionar con ironía, y así surgieron numerosas sátiras y parodias en los periódicos; apodos sustitutivos del discreto nombre Milà (según el nombre de su promotor Pere Milà), tales como «La pedrera», «La empanada», «El avispero».

Viendo esta inagotable fantasía arquitectónica, no se debe pasar por alto que, paralelamente, Gaudí seguía ocupado con la Sagrada Familia, la cual permanecería inacabada a la muerte del arquitecto. El maestro sabía que, emprendiendo esta obra, entraba en la larga tradición constructiva medieval de las grandes catedrales.

La Sagrada Familia, fachada del Nacimiento. Gaudí nunca la vió empezada, su construcción se inició en 1952 y las torres se concluyeron en 1978. La foto muestra las torres poco antes de ser terminadas.

Una catedral no es el producto de un solo artista, sino la obra de diferentes generaciones: «San José la terminará», gustaba decir. El que ésto fuera así no depende únicamente de la grandeza del proyecto, que además de la iglesia agrupaba una pequeña comunidad, sino de la resolución de los fundadores por la cual la iglesia debía financiarse con limosnas y donativos; una iglesia de los pobres. No pocas veces fue el propio Gaudí quien recaudó dinero para la continuación de la misma; a partir de 1914 rehusa cualquier otro encargo y se consagra por completo a la obra. Incluso al final de su vida se traslada a vivir al estudio, pudiendo así discutir con los obreros tanto como fuera necesario y de este modo surgieron diferentes transformaciones a lo largo de los años.

La realización del edificio es material suficiente para un libro, ya que presupone el compendio de la obra gaudiniana. Las altas y delgadas torres sobrepasan aquellos arcos parabólicos del Colegio Teresiano; el llamativo colorido del Parque Güell retorna en los bizarros remates de las cuatro torres de la portada dedicada al Nacimiento de Jesús. La iglesia debía ser multicolor, según el concepto de Gaudí — «la naturaleza tampoco es monócroma» —. Cuando alguien elogiaba el tono marrón arenoso de la piedra en la fachada, respondía lacónico: «todavía falta pintarla».

Con la Sagrada Familia, Gaudí desarrolla su teoría sobre la perfección del gótico; contrafuertes y arbotantes desaparecen y se demuestra la resistencia de los pilares inclinados. Encontramos su expresión más significativa en las columnas de la cripta concebida para Güell en esta comunidad obrera de la periferia barcelonesa.

A su muerte en 1926 dejará tras de sí una obra incompleta; lo que quizá concuerde con el estilo de su arquitectura, relacionada más directamente con el crecimiento de la naturaleza que con estructuras fijas. Tampoco nos legó una teoría definida, tan solo experiencias aisladas, pero que pueden guiar con más acierto que algunos modelos prefijados. No tuvo sucesores y su obra no se pudo continuar; allí donde otros arquitectos retomaron la continuación de sus proyectos, se falsificaron las intenciones originarias, con lo que los edificios no se mantuvieron en pie durante mucho tiempo. El Palacio Episcopal de Astorga sufrió varios derrumbamientos, mientras que la construcción abovedada de madera en su primer proyecto (nave de fábrica en Mataró) permaneció estable.

Un constructor genial

Es difícil imaginarse qué formas hubiese llegado a concebir de haber podido disponer de los modernos materiales como el hormigón armado; quizá los hubiera rechazado, tal y como hizo con el cemento, ya de uso común en aquella época. Prefería utilizar el ladrillo para las columnas. Por muy extravagantes que puedan parecer sus edificios, por muy suntuosas que parezcan las superficies a la luz del sol; Gaudí siempre tuvo preferencia por los materiales comunes, volviendo una y otra vez a las grandes tradiciones artesanales de su tierra: la cerámica y el forjado. Convertía las más sencillas materias primas en auténticos prodigios, quizá porque tomó la naturaleza

Una vista típica de la Sagrada Familia que muestra zonas completamente terminadas con otras recién iniciadas.

Vista general de la Sagrada Familia. A la izquierda un boceto de Gaudí que proporciona una visión impresionista de la obra. A la derecha, la primera vista general realizada por Joan Rubio i Bellver en 1906; Rubio fue uno de los arquitectos con los que trabajó el maestro.

como ejemplo. Paso a paso se iba alejando de lo artificial para acercarse más y más a la naturaleza.

«¿Quieren saber dónde he encontrado mi ideal?» — preguntó en cierta ocasión a los visitantes de su taller—. «Un árbol en pie sostiene sus ramas, éstos sus tallos y éstas las hojas. Cada parte aislada crece en armonía, sublime desde que el artista Dios la concibió». En la nave central de la Sagrada Familia, creó un auténtico bosque de columnas que realmente se ramifica y multiplica hacia las alturas.

Cuando Albert Schweitzer visitó la iglesia en obras, Gaudí le comentó su modo de proceder con el cansado asno que llevó a la Sagrada Familia hasta Egipto: «Cuando se supo que buscaba un asno para la Huida a Egipto, me presentaron los más hermosos asnos de toda Barcelona; pero ninguno era el que yo necesitaba». Lo encontró ante el carro de una mujer que vendía arena para fregar. «La cabeza le colgaba casi hasta el suelo. Me costó mucho convencer a la mujer de que viniera conmigo; cuando el asno fué copiado, segmento a segmento en escayola, comenzó a llorar porque creía que el animal no saldría con vida de aquello. Ese es el asno de la Huida a Egipto y que tanta impresión te ha causado, porque no ha sido creado, sino que es real».

Esa proximidad a la naturaleza es lo que distingue a Gaudí de los artistas modernistas, entre los que a menudo se le incluye. La ornamentación modernista estaba tomada de las formas naturales, pero conserva su carácter puramente ornamental y, sobre todo, bidimensional, pura línea. Gaudí, sin embargo, creía que la naturaleza se

componía de fuerzas que actuaban bajo la superficie, la que en definitiva no era más que la expresión hacia el exterior de esa energía. Comprobó la reacción de bloques pétreos bajo una gran presión, colocándolos para ello en una prensa hidráulica, y así pudo darse cuenta de que las piedras no se reventaban en grandes grietas de arriba a abajo, sino que se producía una distensión que partía del centro hacia el exterior. – El arquitecto creía que los griegos ya habían tenido conocimiento de este fenómeno, y por eso el centro de sus columnas es más fuerte que los extremos.

Gaudí fue un pragmático. A diferencia de otros arquitectos contemporáneos, no trabajaba sobre la mesa de dibujo, sino que siempre estaba presente en la obra, discutía con los obreros, reflexionaba, trazaba un proyecto y lo desechaba. Sus dibujos casi parecen esbozos impresionistas, en ningún caso planos de construcción. Experimentaba antes de construir. Para las bóvedas de la Iglesia en la colonia Güell, diseñó un modelo funicular a base de cordeles con saquitos de perdigones colgados a los extremos cuyo peso debía corresponderse con el de las presiones y apoyos de columnas y pilares. De este modo obtuvo un modelo invertido cuya foto, vista bocabajo, representaba la estructura del edificio. Esta forma de trabajo se utiliza todavía hoy en día, decenios después del primer experimento. A menudo preguntaban los obreros como podía sostenerse, pero se sostuvo; la misma pregunta podríamos hacernos ante la mesita para el baño del Palacio Güell.

Simplemente la realización de los proyectos ya parece imposible y el motivo no sólo reside en la organización orgánica de los interiores; se trata más bien de la concepción específica que Gaudí tenía del espacio interior. Su máxima aspiración era huir del muro tradicional, su casa ideal un cuerpo orgánico que parece tener vida propia.

Dirigió la organización de ese espacio interior hacia sus orígenes, al oficio de sus antepasados. El herrero es un hombre que, partiendo de una chapa plana, es capaz de crear un cuerpo; ésto requiere fantasía, ya que antes de empezar con el trabajo, es necesario imaginarse una cavidad. Las construcciones de Gaudí son semejantes cavidades. Existe una diferencia abismal entre esta forma de hacer y la de Mies van der Rohe que trabajó con superficies definidas y muros como elementos básicos. Resulta significativo que Steinmetz, el padre de van der Rohe, fuera un hombre que trabajaba partiendo de un cuerpo macizo al cual modelaba, perfilaba.

Este método basado en la práctica presentaba, naturalmente, un gran inconveniente. Gaudí nunca fue un teórico, no fundó ninguna escuela en el sentido estricto de la palabra, y tampoco se conservan documentos escritos, a excepción de algunos redactados en su juventud. La mayoría de sus citas se basan en declaraciones habladas. Por todo ello, a su muerte, su arquitectura quedó relegada a un segundo plano; la Bauhaus con las construcciones funcionales se convirtió en el centro de atención, y con ellos un estilo en líneas generales contrario al de Gaudí.

Dos ejemplos típicos de como Gaudí utilizaba las formas de inspiración natural en sus construcciones: Arriba, el muro del Parque Güell, preludio de las palmeras superiores. Abajo, las torres campanario de la Sagrada Familia con claras resonancias de formas concoideas.

Pág. 32: Torres de la Sagrada Familia con la grúa como componente ineludible de la misma.

Fotografía de la maqueta funicular en la que Gaudí comprobó empíricamente la distribución de las columnas de la iglesia.

Arquitectura y futuro

Gaudí nunca dudó que su arquitectura estaba encaminada hacia el futuro, cuando le preguntaban si la Sagrada Familia pertenecía al grupo de las grandes catedrales, respondía: «No, sólo es la primera de una nueva serie». Esa profecía espera todavía ser cumplida; pero aunque su influencia decayera durante la primera mitad del siglo XX, permaneció presente para el movimiento catalán, y cuando en 1925 un erudito pusiera en duda la importancia del arquitecto, se desató la indignación general y una ardiente discusión en la prensa que llegaría a extenderse durante cuatro meses.

Precisamente nuestro tiempo parece estar preparado para un reconocimiento de Gaudí. La situación actual es similar a la de hace 100 años, vivimos en un mundo de fachadas grises y austeras; aunque todavía no se haya engendrado un Art Nouveau como reacción directa, las declaraciones de Gaudí sobre la Casa Batlló podrían ser un presagio del mañana: «Los ángulos desaparecerán, la materia se

revelará grandiosa en sus curvas astrales, el sol penetrará por los cuatro costados y será como una imagen del Paraíso».

Josef Wiedemann alabó así la obra del maestro catalán, durante la feria internacional de artesanía celebrada en Munich en 1974: «Sus edificios son oasis reparadores en el desierto de la arquitectura funcional, piedras preciosas en la monotonía gris de las calles, creaciones de ritmo melódico entre la masa muerta que las rodea». Aún estando inacabada, puede ser considerada como un símbolo que transporta la vigencia del arte de Gaudí hasta nuestros días.

En 1926 Kenji Imai realizó un viaje por Europa, estas son sus impresiones sobre la iglesia: «Se habían concluido la fachada de la nave transversal en el lado noreste y el muro del ábside al noroeste, pero no las bóvedas. Se veía directamente el cielo gris... Las torres parabólicas se elevaban en parejas sobre los gabletes como en una caverna. El andamiaje llegaba hasta la punta de las torres, rodeadas por la palabra «Hosana» esculpida en una piedra colosal... Al despedirme del templo me sentí profundamente entristecido».

El Primer Misterio de Gloria: la Resurrección de Cristo en Montserrat. Gaudí tuvo el honor de recibir, en 1891, el encargo para la Liga Espiritual de Nostra Dona de Montserrat. El grupo escultórico no es una de sus obras más significativas, si bien prueba su creciente entusiasmo por la religión y su perpétuo nacionalismo con la bandera catalana en la parte superior. Su concepción de la figura de Cristo provocó protestas, de ahí que abandonara el proyecto.

Casa Vicens

1883–1888

El debut de un joven arquitecto no hubiera podido ser más ostentoso. La casa Vicens se levanta ante el visitante como un castillo de las Mil y una Noches y, sin embargo, se trata de un pequeño edificio. Tampoco es la residencia de un príncipe, sino el hogar de un fabricante de ladrillos y azulejos. Diez años transcurrieron entre la concesión de la obra y su conclusión, aunque en realidad sólo se trabajó en ella durante 5 años. Funde la tradición civil arquitectónica de la península (utilizando materiales asombrosamente baratos) con el arte árabe milenario. Gaudí realizó un edificio de sello propio; mientras que en la parte inferior dominan las formas españolas, a medida que se asciende aumentan los elementos de raigambre musulmana o quizá persa, ya que no se puede discernir con exactitud.

*Arriba: Balcón de una de las torres que forman
las esquinas (izda). Uno de los remates que
coronan las citadas torres (dcha).*

*Pág. 37: Vista desde la calle de Carolines que
muestra la fachada principal y la dirigida hacia
el jardín (izda).*

Cuando en 1878 Manuel Vicens, fabricante de ladrillos y azulejos,
encargó a Gaudí la construcción de una casa de verano, el joven
arquitecto apenas contaba con experiencia práctica. El 15 de marzo
del mismo año había obtenido la licencia de arquitecto. Y cuando en
1883 se inicie por fin el proyecto, Gaudí sólo había tenido oportunidad de dirigir algunas obras de carácter público.

Levantar una casa era algo completamente nuevo para él, a lo que
se unían las dificultades propias del proyecto; el terreno no era
demasiado grande y la casa estaba encuadrada en una hilera de
edificios convencionales. Desde el punto de vista estructural, no se
puede calificar esta obra de atrevida; si se compara con la compleja
distribución de sus trabajos posteriores, casi parece simple.

Los dos pisos ofrecen una división similar debido a la situación de
las paredes maestras. La planta es, en líneas generales, cuadrada;
sólo el comedor avanza ligeramente hacia la entrada diseñada con un
pequeño atrio. A pesar de todo, la Casa Vicens nos presenta a un
arquitecto capaz de reunir fantasía y arbitrariedad, así como de crear

las obras más caprichosas sin perder nunca de vista el sentido práctico. Al desplazar la casa a la parte trasera del solar, consigue que el jardín conserve su integridad y parezca más grande de lo que en realidad es, disimulando además la forma cuadrada de la planta. La rica concepción de la fachada con numerosos balcones salientes y la distribución de las superficies decorativas en el muro, hacen el resto.

Los muros, de espléndido aspecto, fueron realizados a base de sencillos materiales: Piedra natural ocre como elemento base, que más tarde habría de utilizar muy a menudo, combinada con ladrillos; el contraste entre ambos hace resaltar el ladrillo como una piedra ornamental. El atractivo del exterior se debe esencialmente a los numerosos azulejos multicolores que se extienden como filetes a lo largo del muro, ordenados en forma de tablero de ajedrez. Estos elementos geométricos recuerdan, mirados de lejos, las construcciones árabes; si bien en esta obra temprana no se puede precisar con exactitud si se trata de reminiscencias persas. Gaudí cultiva aquí su típico juego de ornamentos. Al examinar la obra más de cerca descubrimos también elementos autóctonos, como las llamativas damasquinas de naranja intenso que adornan muchos de los azulejos y que tuvieron que ser sacrificadas por imperativos constructivos.

Las torrecillas son otro recuerdo del estilo árabe. La verja del jardín, realizada en hierro forjado, presenta como motivo básico una hoja de palma digitada que se acerca más al modernismo. La Casa Vicens es un collage de los estilos más diversos, si algo la caracteriza es esa ruptura de estilos. ¿Cómo podrían interpretarse las curiosas figuras de angelotes que reposan sobre la barandilla del balcón? Nos encontramos ante un ejemplo significativo de cómo la organización de las superficies exteriores y la riqueza ornamental, pueden convertir un edificio discreto en un pequeño palacio.

El encanto de la decoración se prolonga en el interior donde

Pág. 40: Puerta de la fachada suroeste. El muro exterior está compuesto de piedra sin pulir adornada con azulejos diseñados por Gaudí.

Pág. 41: Chimenea del comedor. Las pinturas murales muestran pájaros y motivos vegetales (ramas y hojas).

Abajo: Gaudí alternó los azulejos de color azul verdoso y blanco, configurando un motivo ajedrezado, que además se combinaba con bandas cerámicas decoradas con damasquinas.

domina una mezcla desconcertante de formas artísticas que, por otra parte, siempre despiertan la impresión de una pureza estilística. La observación de los detalles descubre la realidad. El fumoir, quizá la estancia de relación más directa con el arte árabe, semeja un pequeño gabinete con un narguile en el centro rodeado de exhuberantes cojines y almadraques. Las paredes se adornan con azulejos de motivos florales de inspiración natural y los campos alveolares de la cubierta tampoco son de origen árabe.

El comedor, la habitación más suntuosa de toda la casa, es también la que más se acerca al Art Nouveau. Los espacios entre el vigamen del techo se adornan con delicadas ramas de cerezo; las paredes, de cálido tono marrón, se cubren con enredaderas de hiedra pintadas y los marcos de las puertas con motivos de pájaros.

La fantasía de Gaudí no parece tener límites; como si se tratara de un juego, hace uso de las formas más variadas siempre que acentúen la decoración. Incluso la falsa cúpula creada en el Barroco que gracias a la pintura da la sensación de ser real, encuetra aquí un brillante ejemplo. A primera vista parece que nos encontramos bajo el cielo y vemos los pájaros revolotear y posarse en los saledizos, pero una ojeada posterior muestra la verdadera concepción de la cubierta.

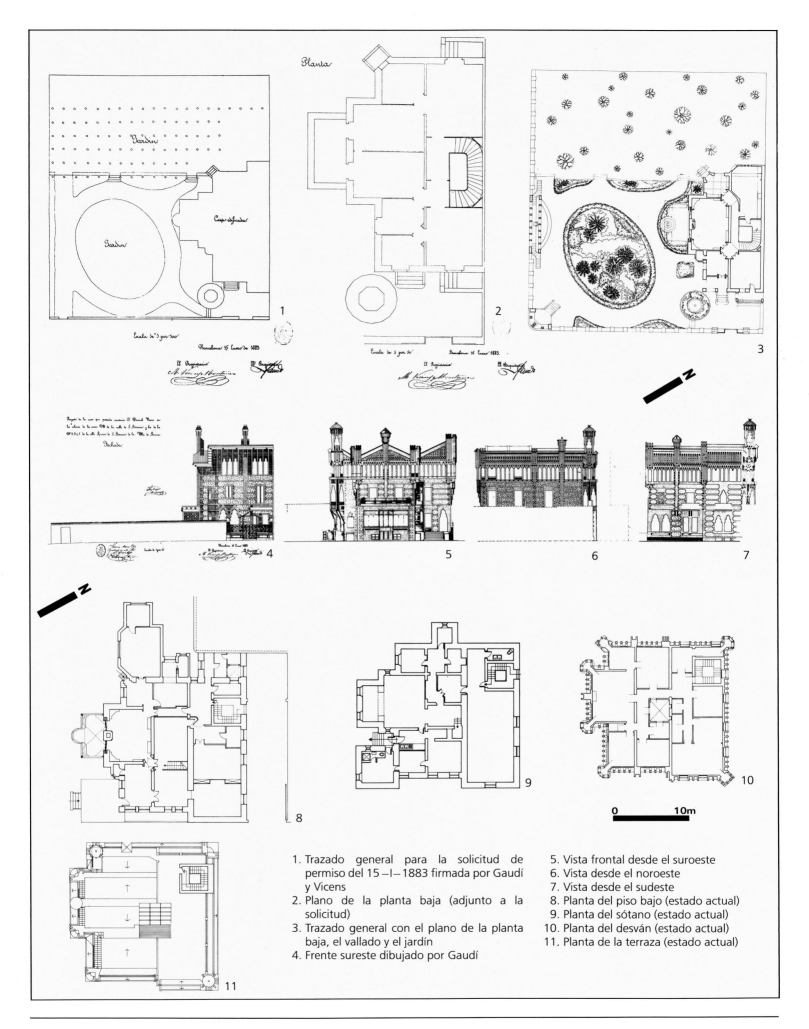

1. Trazado general para la solicitud de permiso del 15–I–1883 firmada por Gaudí y Vicens
2. Plano de la planta baja (adjunto a la solicitud)
3. Trazado general con el plano de la planta baja, el vallado y el jardín
4. Frente sureste dibujado por Gaudí
5. Vista frontal desde el suroeste
6. Vista desde el noroeste
7. Vista desde el sudeste
8. Planta del piso bajo (estado actual)
9. Planta del sótano (estado actual)
10. Planta del desván (estado actual)
11. Planta de la terraza (estado actual)

El Capricho
1883–1885

El nombre de «El Capricho» responde a la
voluntad del cliente, don Máximo Díaz de Quijano,
que deseaba una casa para un soltero. Se alza en
una pequeña zona verde de Comillas (Santander),
como un elemento extraño proveniente de otro
mundo. Gaudí quiso enlazar con esta obra la Edad
Media, período de florecimiento de Cataluña, y la
gracia de las residencias orientales. Un edificio
compacto a base de muros de ladrillo decorados
con hileras uniformes de azulejos. La delgada
torre, sostenida por gruesas columnas de
concepción medieval, se eleva graciosamente
hacia lo alto donde se corona con un tejadillo que
parece haberse liberado de toda fuerza
gravitatoria.

Pág. 49: La casa el Capricho, situada en medio de una finca, fue construida para un soltero adinerado.

Pág. 51: El pórtico columnado se levanta sobre una especie de podium con acceso escalonado en tres de los lados. Las columnas responden a una interpretación libre del estilo dórico, mientras que los arcos presentan una forma caprichosa.

En realidad la Casa Vicens también podría haber sido llamada «El capricho»; ambas recuerdan el arte árabe, juegan con los efectos de color y fueron construidas casí al mismo tiempo, quizá sea éste el motivo de que parezcan construcciones gemelas. Las sorprendentes concavidades y balcones, así como las diferentes torrecillas, hacen que la Casa Vicens tenga un aspecto más extravagante que la residencia señorial de Comillas (Santander) construida para D. Máximo Díaz de Quijano.

Tampoco en este caso se trataba de un extenso solar, pero la casa se levantaba aislada como una isla rodeada de hierba. Gaudí vuelve a emplear los azulejos para acentuar el estilo árabe, si bien éstos se adornan con elementos de raigambre hispánica, en este caso una flor similar al girasol. La ornamentación del Capricho resulta más austera, menos extravagante y colorista; los muros exteriores se organizan en nueve hileras de ladrillo seguidas por molduras de azulejos que configuran un pausado ritmo.

La elevada torre en forma de minarete puede calificarse precisamente de «caprichosa» sin ninguna función aparente en el edificio. Igual podrían ser calificados los pequeños balcones salientes de las esquinas, Gaudí los dotó de una exagerada barandilla con una cubierta a base de gruesas barras cuadradas de hierro. Estos elementos, a primera vista inútiles, cuentan con dos tubos metálicos que constituyen el contrapeso necesario para las ventanas, de forma que al abrirse y cerrarse ponen los tubos en movimiento con un extraño sonido.

Sin embargo, por discreta que parezca la decoración de la fachada en comparación con la Casa Vicens, la estructura arquitectónica es

Abajo: Alzado frontal del edificio (lado norte). A la derecha el girasol, motivo que se repite constantemente en los azulejos multicolores de la fachada. Dibujo de Hiroya Tanaka.

0   5m

Hiroya Tanaka

más libre y arbitraria. Ya al acercarnos a la entrada se puede apreciar su extravagancia. La puerta de entrada se esconde tras cuatro gruesas columnas con decorativos capiteles que sostienen tres arcos de robusta apariencia, sobre este pórtico se eleva la torre. Dentro de esa virtuosa fantasía, Gaudí siempre tuvo en cuenta la funcionalidad; así, la cubierta — una parte a la que el artista siempre dedicó atención especial — resulta bastante sobria y asombrosamente inclinada para adaptarse al lluvioso clima del lugar.

La distribución espacial es por completo distinta de la de la Casa Vicens, concebida para cubrir las necesidades de un soltero adinerado. Si en aquella el comedor ocupaba el núcleo; en el Capricho, edificio de planta única, predominan las habitaciones dirigidas a cubrir las necesidades sociales del señor: Diversos dormitorios para huéspedes, una antesala, el elevado y enorme salón, una especie de jardín de invierno, que configura el centro alrededor del cual se agrupan como apéndices el resto de las habitaciones.

La iluminación es también diferente de la de la Casa Vicens que, para su tamaño, contaba con relativamente pocas ventanas resultando así más acogedora. El Capricho, por el contrario, aparece totalmente traspasado de luz; las ventanas del salón central se componen de ventanas gigantescas separadas por postes de madera que agrandan ópticamente la sala. A ello se une la altura, un auténtico capricho del arquitecto. El salón penetra en el espacio del desván

Abajo: Artesonado del comedor.

Pág. 53, abajo: Artesonado del cuarto de baño realizado en madera y mármol.

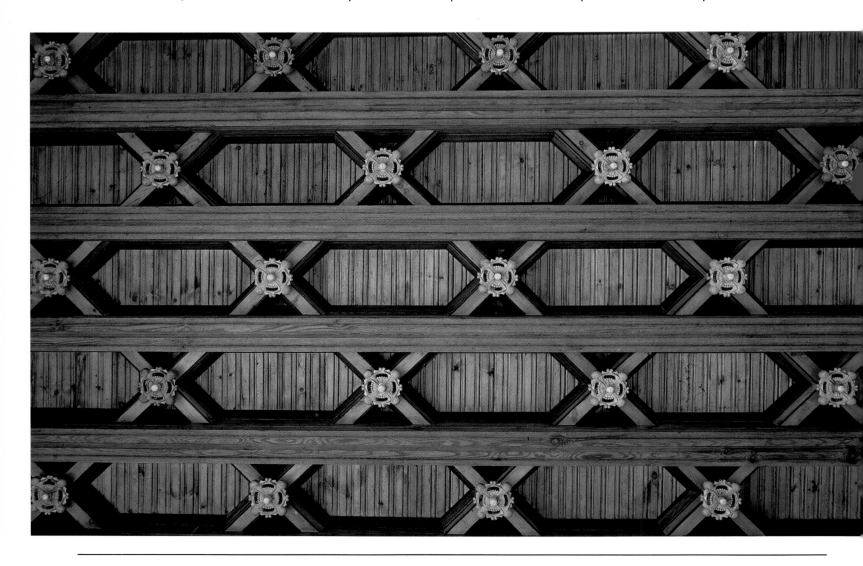

ocupando parte del entresuelo, una zona dedicada tradicionalmente al servicio; era por tanto una habitación de doble altura que seccionaba tres niveles del edificio.

El proceder de Gaudí en esta residencia resulta por completo desacostumbrado. Normalmente solía dirigir los trabajos desde la misma obra, dónde recogía su inspiración, haciendo que los proyectos se transformaran a lo largo de su realización en direcciones imprevistas. En el caso del Capricho rompió con este hábito y transfirió la dirección de los trabajos a su amigo Cristòfol Cascante i Colom. Al menos visitó una vez terreno y debió de haber contado con detalladas descripciones del transcurso de la construcción, ya que abordó numerosos detalles teniendo en cuenta las circunstancias específicas. La casa se hallaba al borde de un declive que hubo de ser nivelado; como muros de contención levantó pequeñas columnas cuyo estilo estaba en contacto con el de la torre. El colorido de los azulejos hace referencia a la mezcla de hierba y suelo arenoso. En el futuro sólo trabajaría en contacto directo con el terreno y la obra en cuestión.

Arriba: Puerta del balcón del sotabanco, el remate escalonado a dos vertientes se repetirá en muchas de las ventanas del Capricho.

Pág. 54: Detalle del muro de la entrada que muestra la caprichosa mezcla de estilos propia de Gaudí. A la izquierda, uno de los robustos muros cilíndricos que presenta el aspecto de una torre; a la derecha, uno de los pesados arcos del pórtico y, entremedias, el muro decorado con azulejos que, a pesar del motivo de girasoles, recuerda los edificios árabes.

Izquierda: Fachada posterior (en dirección al suroeste). La parte de la derecha, cubierta con tejas, fue añadida en 1916.

Pág. 56: Vista de la fachada norte. Los balcones estaban provistos de barandillas y pérgolas de hierro forjado.

Izquierda: Muro de contención en la cara sur. En el medio se encontraba una plaza descubierta donde tenían lugar reuniones al aire libre.

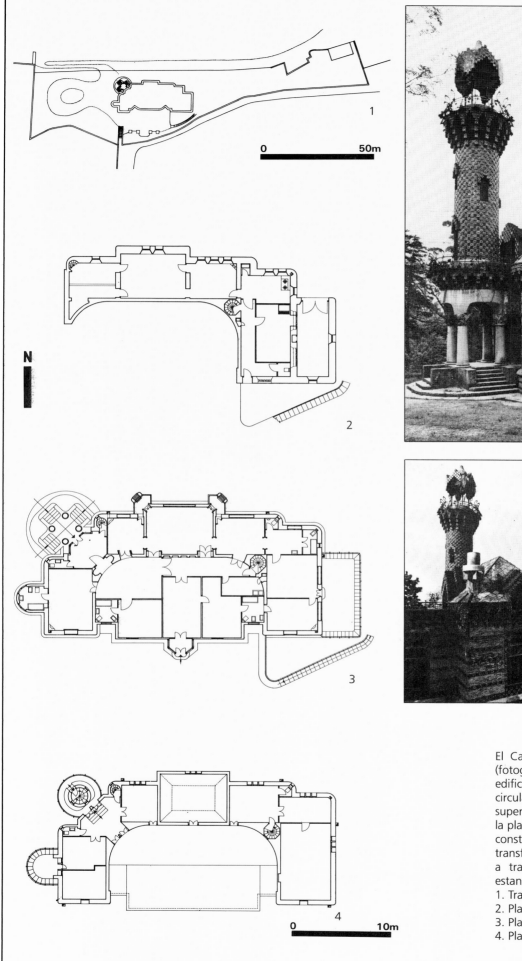

1

0   50m

N

2

3

4

0   10m

El Capricho, visto en dirección a la entrada (fotografía superior), ofrece la imagen de un edificio compacto de planta cuadrada o circular. La vista desde el sur (fotografía superior) descubre su verdadera organización y la planta de los distintos pisos. Se trata de una construcción rectangular, cuya estructura se transforma ligeramente en los pisos superiores a través de la ordenación de las distintas estancias.
1. Trazado general
2. Planta del sótano
3. Planta del piso bajo
4. Planta del piso principal

Finca Güell

1884–1887

Gaudí adopta una actitud reservada en la configuración de su tercera gran obra. Escasos vanos perforan los muros exteriores; el harén de un sultán podría haberse escondido tras los uniformes muros de tono claro con decoración a base de motivos semicirculares. La entrada no podía ser más austera; mientras que la portería de la izquierda ofrece al visitante un ángulo hostil, el largo lado derecho, coronado con una suntuosa cúpula, se levanta inaccesible. Un temible dragón, configurando la puerta de hierro, intercepta el paso de los osados visitantes que se acercan hasta la entrada.

El que tras esta imponente fachada no se encontrara un palacio señorial, sino simplemente la zona de cuadras de una finca, sólo nos permite sacar algunas conclusiones sobre la fortuna de su dueño.

Tan pronto como Gaudí recibió el encargo de su amigo Eusebi Güell
para construir una casa palaciega en el centro de Barcelona, tuvo la
oportunidad de dar pruebas de su arte. El industrial había adquirido
una finca en 1883, situada en las afueras de la ciudad entre Les Corts
de Sarriá y Pedralbes, en la que se debían llevar a cabo la reconstrucción de algunos edificios, así como la realización de otros adicionales.
Siguiendo los deseos de Güell, para el que lo representativo era
fundamental, la atención habría de concentrarse en la entrada. Los
trabajos en la finca transcurrieron paralelamente a los del palacio y,
sin embargo, hay un abismo entre ellas; representan dos mundos
arquitectónicos diferentes, dos fases en la obra del artista.

La reconstrucción enlaza claramente con su estilo mudéjar que ya
había impregnado la Casa Vicens y el Capricho; sin embargo la
organización ornamental en este último miembro del trío resulta más
purista, si es que se puede hablar de pureza de estilo en Gaudí. Un
ejemplo serían los elementos semicirculares con que se adornan los
muros, un motivo abstracto que nada tiene que ver con los diseños
florales anteriores. La pequeña torre que se levanta sobre la achatada
cúpula del picadero, también resulta mucho más discreta que la del
Capricho. A través de la unidad ornamental se dejaba constancia de
que todos los edificios, tan dispares como caballerizas, picadero o
portería, formaban parte de un proyecto único.

Las coincidencias de esta obra con sus predecesoras resultan inne-
gables, si bien en ella se había creado algo completamente nuevo

cuyo atractivo especial reside en la organización de los interiores. La portería, compuesta por un único piso en forma octogonal, se cubre con una cúpula rebajada, una novedad en el lenguaje arquitectónico del artista que se repite nuevamente en los remates de las torres de base cuadrada. Este edificio compacto en forma de dado se enlaza con las cuadras, una construcción baja y alargada, mediante el revestimiento decorativo de los muros exteriores. El picadero, adjunto a las caballerizas, apenas se distingue exteriormente de las mismas; tan sólo la cúpula con su torrecilla de inspiración árabe llama la atención del visitante. Mediante las dos torres, del picadero y la portería, se establece un lazo formal de unión entre dos edificios de estilos completamente diferentes.

Encontramos los elementos más significativos en el interior de las caballerizas, donde el conocedor de Gaudí ya puede descubrir el precedente de las formas abovedadas propias del arquitecto. Las caballerizas se cubren con limpias bóvedas de perfil catenárico que amplían visualmente el espacio y la luminosidad, aunque todavía no presentan la exagerada forma parabólica. Más que anunciar sus construcciones posteriores, hacen referencia a la nave de fábrica proyectada en Mataró. A pesar de todo, se trata de una obra atrevida y asombrosamente funcional en comparación con la profusión decorativa de los muros exteriores.

De mayor importancia que los edificios, es la puerta situada entre la portería y las caballerizas; se trata de un ejemplo carácteristico del

talento de Gaudí en el terreno de la herrería, así como de las formas modernistas en su obra. La verja, una pieza única de 5 m. de ancho, se sujeta lateralmente en un poste de más de 10 m. de altura. En caso de haberse concebido en dos partes, tal y como era habitual, hubiese dado la impresión de estar ante una cárcel. Los diez metros de altura se reducen a más de la mitad en la puerta adquiriendo así un elegante perfil. La mitad inferior se configura con una decoración abstracta calada a base de láminas cuadradas metálicas; sobre ella un enorme dragón de perfil sinuoso abre amenazadoramente sus fauces. Este dragón da nombre a la puerta y es, al mismo tiempo, una prueba temprana del universo simbólico gaudiniano: Es el guardián del jardín y, por muy decorativo que parezca con sus arabescos, cumple su cometido a la perfección, ya que al abrirse la verja, levanta amenazante su pesada garra de hierro.

La renombrada «Puerta del dragón» en la finca Güell es posible que estuviera inspirada en el mito de las Hespérides. Según este mito, un dragón alado guardaba el jardín dónde vivían tres hermosas ninfas. Hércules sometió al dragón y así pudo penetrar en el jardín.

Izquierda: Los muros exteriores de la portería y las caballerizas estaban decorados con motivos en forma de alvéolos.

Arriba: Detalle del dragón que, como un feroz guardián del Averno, abre sus amenazadoras fauces frente a los posibles intrusos.

Izquierda: Motivos decorativos en los muros exteriores de las caballerizas.

Pág. 64: Parte superior de la columna al lado de la puerta. El remate presenta una original ornamentación plástica que simula las ramas de un naranjo. Aunque ello no se pueda apreciar a primera vista, incluso las capas de argamasa entre las hileras de ladrillo se decoran con fragmentos cerámicos.

Pág. 65: Entrada a las caballerizas, en la actualidad Cátedra Gaudí de la Escuela Superior Técnica de arquitectura (dcha).

Derecha: Vista desde la portería hacia las caballerizas y la cúpula del picadero. El tejado se cubre con una serie de tubos blancos, un elemento que reaparecerá en otra variante como cubierta de la escuela comunal de la Sagrada Familia.

Pág. 68: Interior del picadero, un ejemplo de la forma como Gaudí concebía la luminosidad. Las paredes de un tono claro reflejan, de forma uniforme, la luz que penetra por las ventanas de la cúpula.

Estas son las creaciones fundamentales de Gaudí para la finca Güell. Algunos de los otros trabajos realizados por él (reconstrucciones en la casa y una puerta para un cementerio) fueron modificados posteriormente. Eran, no obstante, trabajos de menor significado, que no alcanzaron el nivel de la verja, obra maestra de la herrería catalana.

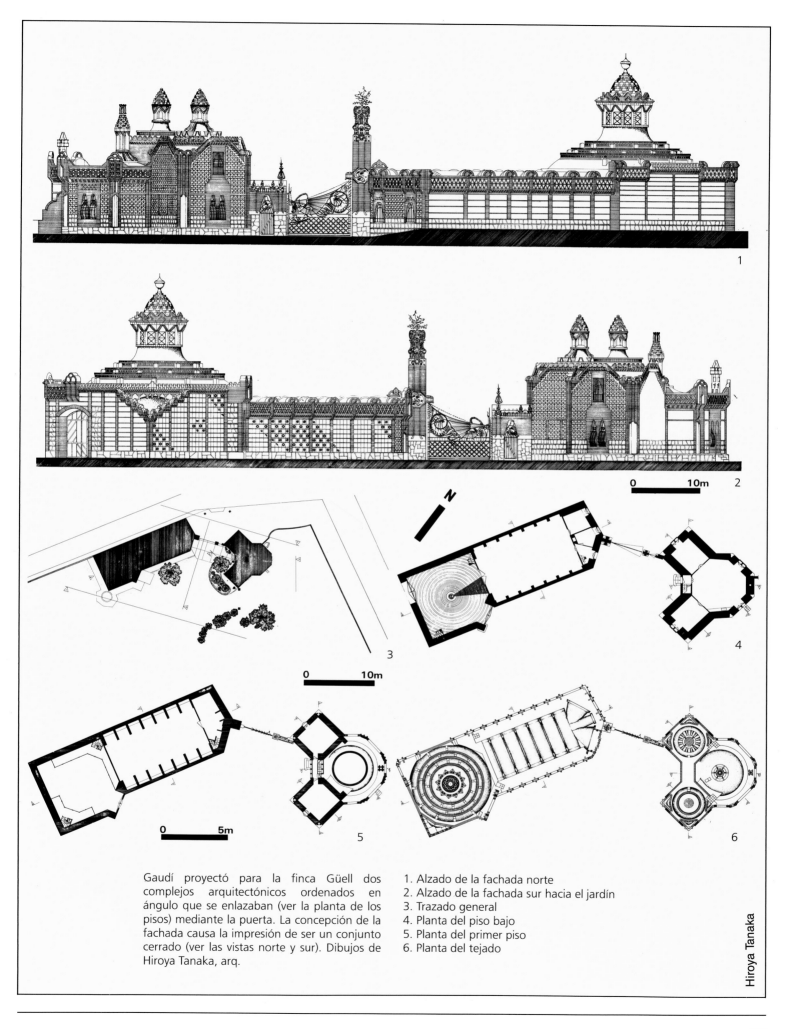

Gaudí proyectó para la finca Güell dos complejos arquitectónicos ordenados en ángulo que se enlazaban (ver la planta de los pisos) mediante la puerta. La concepción de la fachada causa la impresión de ser un conjunto cerrado (ver las vistas norte y sur). Dibujos de Hiroya Tanaka, arq.

1. Alzado de la fachada norte
2. Alzado de la fachada sur hacia el jardín
3. Trazado general
4. Planta del piso bajo
5. Planta del primer piso
6. Planta del tejado

Hiroya Tanaka

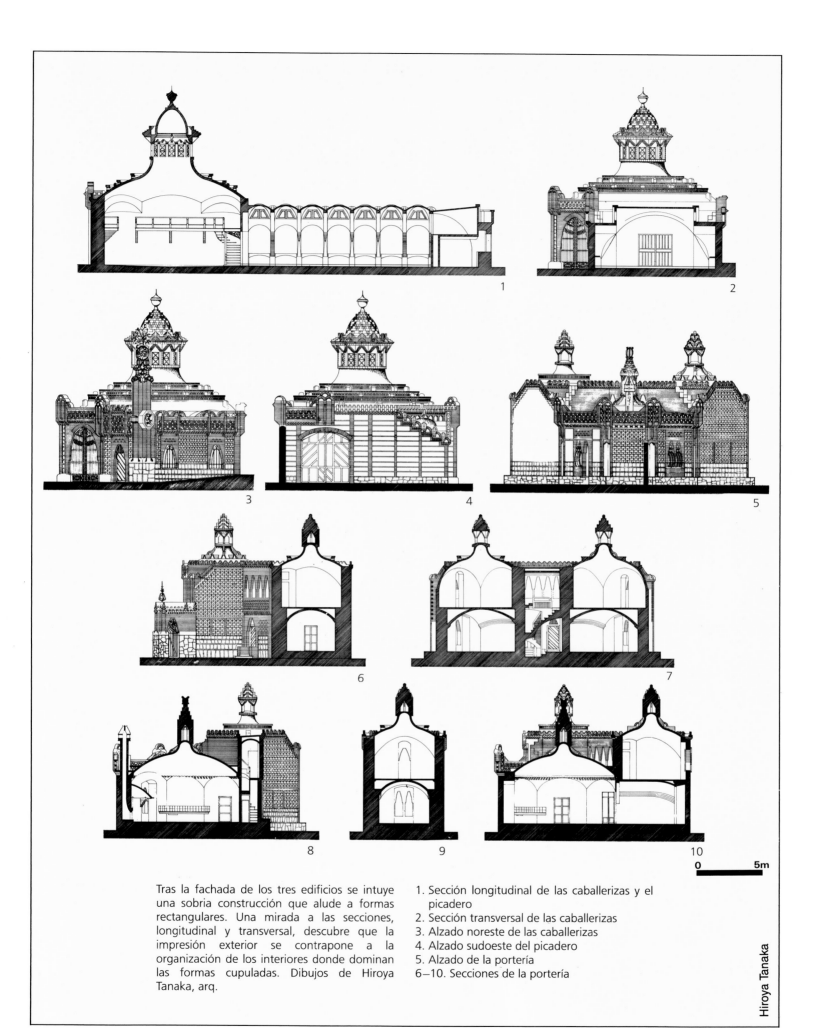

1

2

3

4

5

6

7

8

9

10

0   5m

Tras la fachada de los tres edificios se intuye una sobria construcción que alude a formas rectangulares. Una mirada a las secciones, longitudinal y transversal, descubre que la impresión exterior se contrapone a la organización de los interiores donde dominan las formas cupuladas. Dibujos de Hiroya Tanaka, arq.

1. Sección longitudinal de las caballerizas y el picadero
2. Sección transversal de las caballerizas
3. Alzado noreste de las caballerizas
4. Alzado sudoeste del picadero
5. Alzado de la portería
6–10. Secciones de la portería

Hiroya Tanaka

Palacio Güell

1886–1888

Sea cual sea la posición que se tome en la calle
Nou de la Rambla, es casi imposible ver el Palacio
Güell en su totalidad. La causa no reside en su
tamaño (18 m. por 22) aunque sobre semejante
solar sólo podía construirse una respetable casa
burguesa. La propia estrechez de la calle y la
desafortunada situación del edificio no permiten
retroceder lo suficiente como para poderlo
contemplar entero. Si se observa desde las casas
de enfrente, se puede ver una sobria fachada
compuesta por grandes bloques de piedra. Apenas
se reconoce la riqueza de la zona inferior
resaltando, sin embargo, las caprichosas torrecillas
que recubren las chimeneas del tejado y que
habrían de convertirse en uno de los elementos
característicos del estilo gaudiniano, creando así
un jardín encantado sobre la terraza del palacio.

Cuando Eusebi Güell, entonces ya octogenario, le convirtió en su arquitecto preferido, Gaudí había dado sólo unas cuantas pruebas de su arte: La Casa Vicens todavía estaba en obras y el Capricho en la última fase. Su interés por Gaudí se fundaba en los proyectos presentados en la Exposición Universal de París. No sería la última vez que Gaudí gozaría de la confianza anticipada de sus clientes. Güell había intuído su talento, aunque también le atraían sus inclinaciónes nacionalistas y su preocupación social. Gaudí, al mismo tiempo, se sentía atraído por la mezcla de nobleza, capacidad financiera y compromiso social que el industrial encarnaba. Al diseñar el blasón de la familia Güell, introdujo las palabras: «Ayer un pastor, hoy un hombre de nobleza». Con ello se perfilaba la carrera del industrial, cuyo padre, Juan Güell. Ferrer, había residido por algún tiempo en América. Cuando encarga la construcción de un palacio en Barcelona, el dinero ha dejado de importarle. Al enterarse su administrador de como aumentaban desorbitadamente los gastos, se queja del siguiente modo: «Mientras yo le lleno los bolsillos a don Eusebio, Gaudí se los vacía». Güell sabía que con ello recibía algo más que no se puede comprar con dinero.

En principio hay que decir que las condiciones del solar eran especialmente desfavorables. El palacio debía levantarse en la calle Conde del Asalto (en la actualidad Nou de la Rambla) en un espacio de 18 por 22 m., pequeño incluso para un palacio urbano. Sólo para la fachada se realizaron más de 25 proyectos. Comparándolo con sus obras anteriores, se trata de una obra asombrosamente discreta y sobria.

La fachada principal, que daba directamente a la casa vecina, viene determinada por el ángulo recto. El adorno fundamental de la misma es la pequeña tribuna ligeramente saliente de la primera planta y que se eleva en los extremos hacia el segundo piso. Gaudí renunció casi

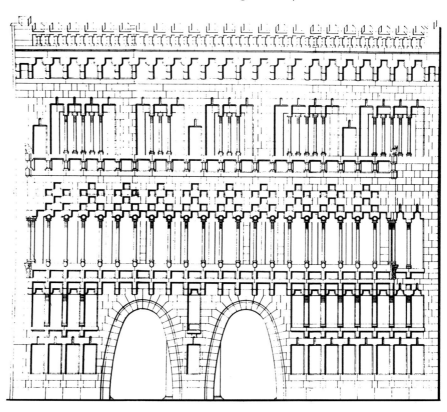

Calle del Conde del Asallo nº 3 y 5

Escala de 1 por 70

Barcelona 10 Junio 1886
El Arquitecto
Gaudí

El proyectario
Eusebi Güell

0   5m

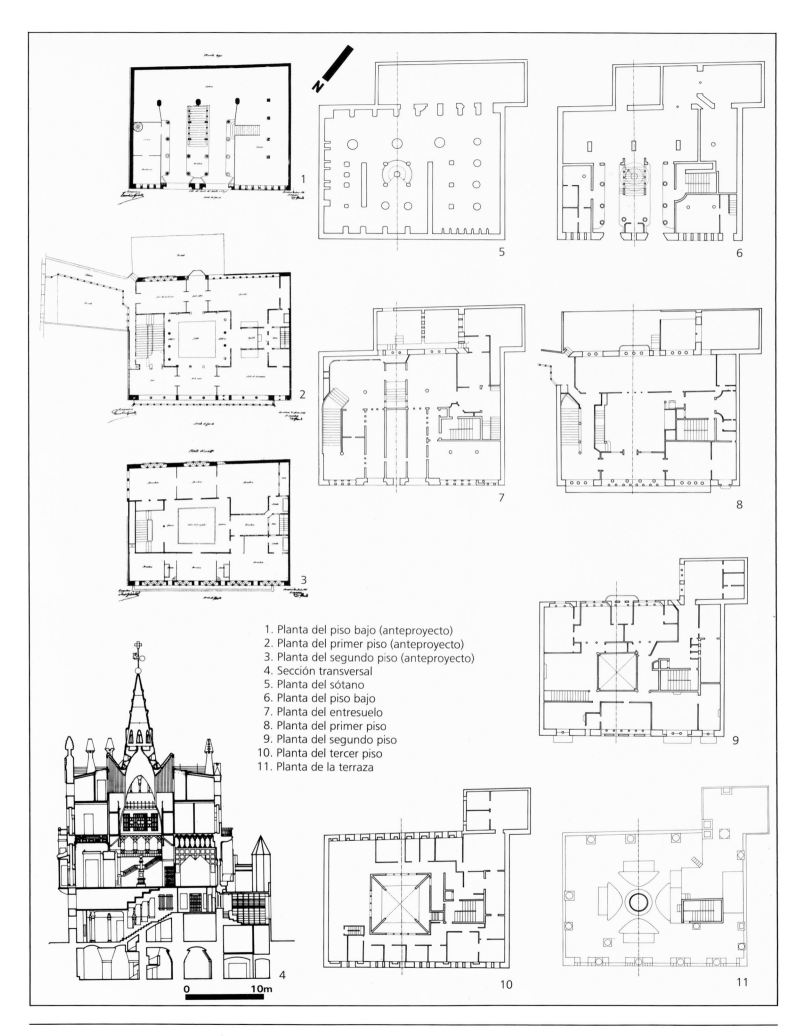

1. Planta del piso bajo (anteproyecto)
2. Planta del primer piso (anteproyecto)
3. Planta del segundo piso (anteproyecto)
4. Sección transversal
5. Planta del sótano
6. Planta del piso bajo
7. Planta del entresuelo
8. Planta del primer piso
9. Planta del segundo piso
10. Planta del tercer piso
11. Planta de la terraza

0   10m

por completo a la ornamentación escultórica, tan solo la columna con el emblema de Cataluña situada entre las puertas de entrada (testimonio del pensamiento político del promotor y el artista). Gracias a la discreta decoración de la fachada, de líneas definidas, cubierta con placas de mármol gris pulido, el palacio parece más grande de lo que en realidad es. Recuerda ligeramente a los palacios urbanos renacentistas de Venecia.

Esta fachada de línea historicista se ve perforada por un elemento completamente anacrónico, dos enormes puertas con un enrejado de hierro se levantan ante el visitante que apenas puede retroceder en la estrecha calle para apreciarlas en su totalidad (de ahí que tengan que ser fotografiadas con un granangular y den la impresión de estar caídas hacia atrás). Estas puertas, dada su novedad, causaron el asombro en la Barcelona de aquellos tiempos; algo semejante siempre provoca rechazo, pero más tarde serían de uso habitual. Un ejemplo entre muchos de cómo Gaudí introdujo nuevas modas constructivas en la ciudad. Los arcos de las puertas presentan una curvatura peculiar, diferentes tanto del modelo gótico como del árabe, que habían impregnado sus primeras obras. Nos encontramos ante los así llamados arcos catenáricos que habrían de dominar en sus trabajos posteriores, constituyendo un elemento de soporte fundamental (este elemento le ofreció la posibilidad de construir prescindiendo de arbotantes y pináculos, los que consideraba como el gran defecto del gótico).

Pág. 80: Lumbrera central en la gran sala del primer piso. En el medio, la escalera que conduce a la segunda planta.

Pág. 81: La superficie de la cúpula, situada sobre la gran sala, se recubre con piedras de forma ehexagonal. Las numerosas perforaciones que permiten el paso de la luz le confieren un aspecto similar al del cielo estrellado.

Pág. 83: Ante las ventanas del salón comedor se construyó una arcada, a base de piedra gris pulida, compuesta por tres arcos catenáricos, usados anteriormente en Mataró, la finca Güell y la casa Vicens.

Abajo: Sofá perteneciente a un dormitorio del segundo piso. Gaudí diseñó numerosos muebles para el palacio que estaban inspirados en el estilo modernista.

Gaudí aprovecha nuevamente la forma catenárica en el interior para jugar con la tradición gótica. Una arcada, compuesta por columnas y arcos catenáricos de piedra gris pulida, matizan la luz en la antesala del piso principal. La tensión ascendente de los arcos nos hace pensar en influencias góticas, pero su misma curvatura se contrapone a la forma rectangular de las ventanas. En esta sala se repite, por tanto, la ruptura con las líneas predominantes ya apuntada en las puertas de la entrada.

Los arcos de la puerta representan, además, uno de sus primeros contactos con el Art Nouveau. En el tercio superior se animan con un rico ornamento a base de barras de hierro entrelazadas que dejan entrever las iniciales del señor de la casa. Los enmarca una línea sinuosa similar a una fusta que descubre su verdadera función y justifica el gran tamaño, ya que la puerta estaba diseñada para dar paso a los carruajes de los invitados. Para los caballos proyectó un patio de entrada con una rampa ligeramente inclinada que dirigía hacia los sótanos, dónde se encontraban las cuadras. El portal constituye así otra innovación en la arquitectura barcelonesa. Teniendo en cuenta que la Casa Vicens se encontraba a las afueras de la ciudad, se puede decir que el debut de Gaudí como arquitecto había sido impresionante.

Los elementos modernistas de la puerta se repiten en la decoración interior del palacio; en él se pueden contar hasta 127 columnas con las formas y tamaños más diversos, desde las pequeñas y robustas columnas de apoyo en el sótano, hasta los valiosos exponentes en piedra gris del Garraf finamente pulida. Su abundancia despierta la impresión de que nos encontramos ante un edificio de imponentes dimensiones, una ilusión óptica incorporada a propósito por el arquitecto. No respetaba las proporciones, como se puede ver en el portal de entrada cuyo tamaño no concuerda con la superficie total de la fachada. Gaudí quería que el espectador tuviera la impresión de encontrarse ante un palacio gigantesco, la misma sensación que nos acomete al subir la escalera hacia el piso principal (que abarca seis plantas del edificio).

Igual que en una iglesia barroca, una estancia en el centro del palacio, con una altura superior a 3 pisos, sustituye al habitual patio interior. El salón se corona con una gran cúpula perforada por numerosos orificios circulares; casí podría pensarse que estuviéramos bajo el firmamento plagado de estrellas dentro del edificio mismo. Aunque parezca realmente grandiosa, asienta sobre una superficie de 9 metros cuadrados, pero tiene 17,5 metros de altura; es precisamente su altura la que transmite esa aplastante sensación. En la sala tienen lugar las reuniones de sociedad. Para satisfacer la melomanía de Güell, diseñó un órgano cuyos tubos fueron situados en la galería superior de forma que la música, desde las alturas, se derrama sobre el oyente. Un altar completa la concepción de esta singular estancia, primitivamente de importancia marginal, que había ido captando a lo largo de las obras el interés de constructor y cliente, hasta convertirse en el corazón mismo del palacio. La estancia constituye una especie de columna descomunal en torno a la cual se organizan el resto de las habitaciones.

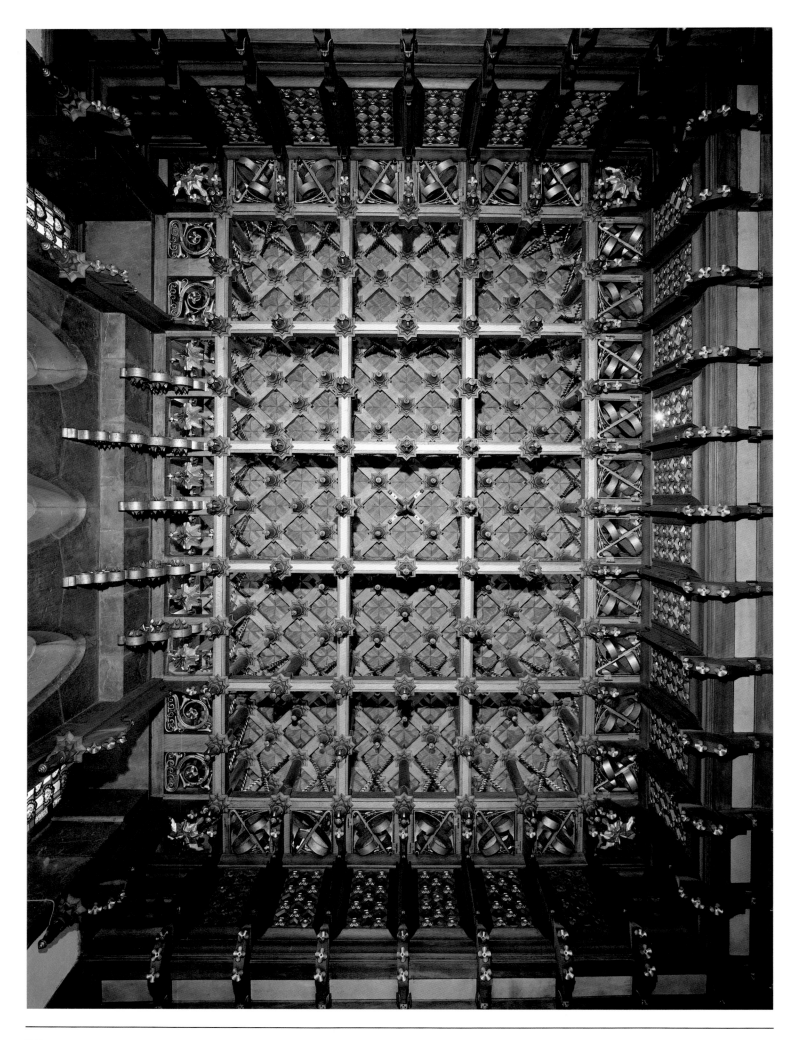

No se pueden dejar de lado estas habitaciones secundarias en las que Gaudí puso especial cuidado, sobre todo en la concepción de las cubiertas a base de artesonados de eucalipto y ciprés, adornadas con celosías que al mismo tiempo sirven de estribos.

Junto a la parte arquitectónica hay que destacar el mobiliario realizado en un personalísimo Art Nouveau que combina elementos típicos de este estilo con formas más sobrias. La mesita del baño, situada en el piso superior, parece un collage de tradicionales espejos rectangulares y elegantes curvaturas modernistas en la parte inferior; una conjunción de estilos contrapuestos. Igualmente caprichosas resultan las patas de madera, pequeñas columnas cuya base retorcida más bien parece una fantástica escultura surrealista. Años después los obreros le preguntarían a menudo cómo era posible que sus edificios se sostuviesen en pie, lo mismo cabría decir de esta mesita que parece a punto de caerse.

La misma silueta volvemos a encontrar en el tejado del palacio. Gaudí siempre había considerado el techo como un elemento primordial, un espacio donde desplegar su fantasía sin ningún tipo de trabas, no le importaba que sus creaciones no pudieran ser vistas desde la calle. La cúpula de la sala central desemboca en una extravagante torre apuntada que concede al palacio un improcedente carácter sacral. La torre choca con el resto del conjunto, incluso en cuanto al color. La rodean 18 extrañas esculturas de carácter surrealista que recuerdan las patas de la mesita del baño. Son uno de los primeros ejemplos para las torres terminadas a modo de mitra que debían coronar la Sagrada Familia. Aunque en principio puedan parecer una recreación puramente formal, a menudo retorcidas o con puntas y esquinas adicionales, tienen una finalidad práctica: servir de disfraz a las chimeneas y canales de ventilación. Gaudí disimuló estos triviales elementos funcionales con una rica ornamentación de azulejos multicolores.

Gaudí abandona el anonimato con este palacio. Durante la construcción (entre 1886 y 1888, un periodo asombrosamente corto) aparecieron en la prensa numerosos reportajes, incluso en América, que al principio sólo nombraban al industrial pero cuya atención pronto se desvió hacia aquel joven arquitecto que, ajeno a todo, estaba abriendo nuevos caminos en el mundo de la arquitectura.

Pág. 84: El artesonado del salón comedor fue realizado en madera de haya.

Arriba: La luz proveniente del exterior era amortiguada por la arcada de piedra.

Abajo: Foto del sótano con las robustas columnas de apoyo y la rampa en espiral para dar acceso a los caballos.

Colegio Teresiano

1888–1889

El edificio, recortado contra el azul del cielo y
bañado por el sol, resplandece con un brillo
señorial. Destaca sobre el conjunto el gran blasón
coloreado de la orden que tenía aquí su casa
madre: La Compañía de Santa Teresa de Ávila.
Pero las apariencias engañan; las reglas
fundamentales de la comunidad eran pobreza y
templanza, y Gaudí también tenía que atenerse a
ellas. La tribuna, que se eleva como una torre
sobre la entrada, fue casi el único elemento
ornamental de esta obra tan ascética. El remate
almenado en zigzag, que en principio podría ser
considerado como pura pompa, hace alusión al
propio estilo del edificio. Había sido dedicado a
Santa Teresa, cuya filosofía se orientaba hacia la
Edad Media, época del florecimiento gótico. Gaudí
habría de seguir las enseñanzas de la mística a su
modo particular.

Pág. 87: Vista exterior desde el jardín del colegio.

Pág. 89: Zona de la tribuna en el centro de la fachada principal. En medio del primer piso se encuentra el escudo de la orden carmelitana: una cruz corona el Monte del Carmelo, a izquierda y derecha los corazones de la Virgen y Santa Teresa.

Pág. 90–91: Los corredores del primer piso rodeaban el patio interior, de esta forma se capta la luz exterior. Las paredes, enlucidas con cal, producen un efecto de resplandor.

Gaudí nunca hubiera podido imaginar que algún día habría de subordinar su gusto estilístico a la espiritualidad del cliente. Según las tendencias de la época, era un hombre de carácter anticlerical. El encargo de la Sagrada Familia le atrajo por motivos arquitectónicos desde un principio, sin olvidar que un artista de su talla no podía rechazar un proyecto de tal magnitud. Sus obras le habían acreditado un exhuberante carácter artístico. Al encargarse en los años 80 de la construcción de un colegio y la casa madre para la orden teresiana en Barcelona, estaba señalando un cambio en su posición frente a la iglesia, pues las condiciones eran todo menos prometedoras. En cuanto a la financiación, Gaudí siempre había contado con los medios necesarios; incluso en la Casa Vicens, cuyo dueño no disponía con fondos ilimitados, el dinero no había sido ningún problema. Al comenzar las obras del colegio Teresiano, gozaba de las abundantes sumas para el palacio Güell. En este caso, esto estaba prohibido por principio siguiendo la regla fundamental de pobreza de la orden.

El presupuesto era más bien escaso y el hecho de que Gaudí se atuviera al mismo, tanto como fue posible, prueba que en sus obras siempre se ajustó a la realidad, bien fueran las condiciones materiales del terreno o la simbología de los edificios (en el caso de Bellesguard el pasado histórico de Cataluña). Las críticas del fundador de la orden, Enric d'Ossó i Cervello, no le dejaron sin embargo impasible. Cuando éste le hizo algunos reproches en cuanto a los gastos, el

Abajo: Ventana en la fachada principal de la planta baja (izda). Torrecilla de la esquina con el escudo carmelitano (dcha).

arquitecto hizo alarde una vez más de su tenaz carácter: «Cada uno a lo suyo padre Enric. Yo a construir casas y usted a decir misa y rezar».

Las protestas del padre fundador (se trataba de una orden joven cuyo nacimiento se remontaba a 1876) no eran del todo infundadas y hacían referencia a las crecientes facturas de ladrillos. La construcción del Colegio estaba sometida no sólo a restricciones económicas, sino que el ideal de pobreza iba acompañado de templanza, lo cual representaba sobriedad a todos los niveles. En general, Gaudí siempre se atuvo a este principio, aunque a veces le resultara difícil porque naturalmente no podía librarse de su estilo arquitectónico por completo.

La casa matriz ya estaba construida hasta el primer piso; al igual que en la Sagrada Familia, el artista retomaba un proyecto ajeno que en este caso habría de atarle fuertemente. Mientras que el plano, un edificio alargado rectangular, ya estaba prefijado, Gaudí estampó su sello inconfundible en los otros pisos. La planta se dividía en tres estrechas franjas paralelas; en el sótano, un largo corredor se extendía a lo largo de la zona central, ocupada en la planta baja por pequeños patios interiores que daban luz a las habitaciones y se ensanchaban hacia el piso superior. Normalmente una estructura semejante habría precisado en el interior dos muros transversales de soporte, los que todavía existen en la planta baja; pero Gaudí trans-

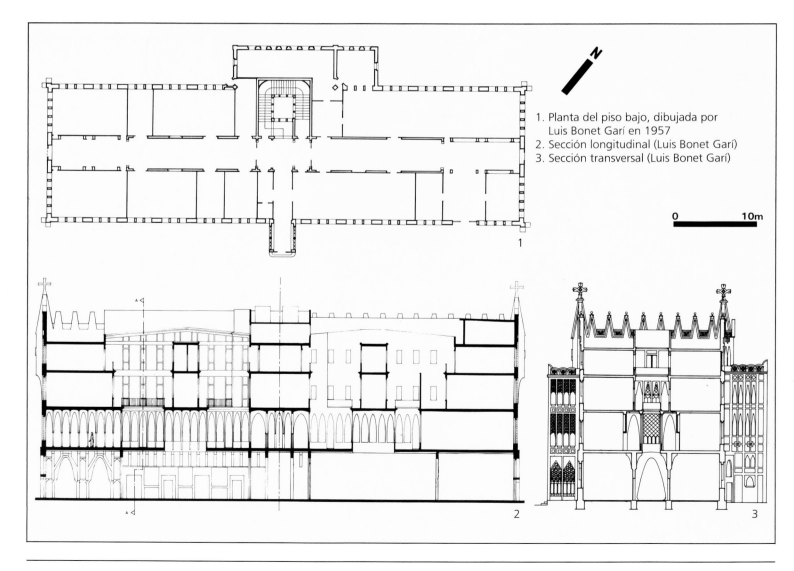

1. Planta del piso bajo, dibujada por Luis Bonet Garí en 1957
2. Sección longitudinal (Luis Bonet Garí)
3. Sección transversal (Luis Bonet Garí)

0   10m

Uno de los numerosos anagramas, la mayoría de las veces como rejas de hierro en las ventanas, con los que Gaudí hace alusión a Jesús.

Arcos parabólicos realizados en ladrillo. Utilizando siempre las mismas formas básicas basadas en métodos sencillos, pero con ligeras variaciones, Gaudí consigue transmitir la impresión de una sobriedad espartana y a la vez una gran complejidad arquitectónica.

formó esta distribución en los pisos superiores. En su lugar, construyó largos pasillos simétricos a base de una serie de arcos parabólicos, apoyo suficiente para el resto del edificio. Con ellos quedaba suprimido el interminable muro como elemento de soporte; en su lugar se abrían amplios corredores que, merced a la sucesión de arcos, casi parecían un crucero y animaban así la austera construcción. Los arcos, revocados de blanco, se separan por numerosas ventanas abiertas hacia el patio interior; de esta forma, los pasillos estaban bañados por una tenue luz indirecta que les confería una sosegada atmósfera de recogimiento contemplativo. Gaudí empleó además las formas típicas del gótico, tiempo en el que se orientaba la orden Santa Teresa carmelitana fundada por. El arco parabólico es el único elemento estilístico que define el edificio, determinando la apariencia de una silueta apuntada: La fachada exterior del piso superior se cubre con una serie de arcos apuntados de diversos tamaños, la tribuna saliente que quiebra la rigidez de la planta rectangular, presenta también vanos apuntados y el resto de las ventanas siguen una forma similar. Frente a la preminencia del arco gótico, introduce Gaudí un contrapunto en las contraventanas que vuelven a la forma rectangular de la planta, la cual define también la tribuna de la fachada.

En el edificio sólo se emplearon materiales sencillos y baratos; muros de piedra sin desbastar alternando con ladrillo. Sin embargo, las quejas del padre Onós tenían cierto fundamento, ya que el arquitecto se permitió ciertos lujos aunque fueran en estos materiales. Como remate de la fachada levantó una cresta almenada de ladrillo que también aludía al gótico, ofreciendo un elegante perfil en zigzag. Otro gasto innecesario eran los arcos falsos de ladrillo que, si bien no tienen ninguna función constructiva, conceden a estas desnudas estancias un carácter festivo ligeramente rústico. En los muros se combinan zonas de un blanco impecable con superficies de ladrillo rojo, creando una síntesis de ascetismo y confort rústico. Desde el riguroso punto de vista de la orden, las simples columnas espiraloides resultaban excesivas (recuerdan ligeramente a los remates de las chimeneas en la Casa Vicens, así como las torres de la Sagrada Familia). Se trataba de la única incursión en el terreno puramente ornamental que encontramos en todo el edificio.

Como contrapartida de esta austeridad, Gaudí se ocupó intensamente de la iconografía de la orden; la casa matriz teresiana representa el comienzo del creciente interés que el artista sintió por los elementos simbólicos. Las almenas del tejado se adornaban con birretas doctorales, aludiendo Santa Teresa como la primera doctora de la Iglesia (estos bonetes serían retirados en 1936). Seis veces aparece el blasón de la orden, cuya versión más ostentosa encontramos en el centro de la tribuna. Otras seis veces tropezamos con las iniciales de Santa Teresa en rejas de hierro forjado. Una banda con dos capas de ladrillo anima el muro de piedra entre los pisos superiores, adornada con placas de cerámica que llevan el nombre de Jesús. Estas iniciales aparecen 127 veces en cerámica y 35 en las rejas de hierro. Todos estos símbolos no pueden ser interpretados como un simple juego formal, sino que se trata de alusiones simbólicas. Es necesario sumergirse por completo en el edificio para descubrir que representaba una especie de materialización de la hagiografía teresiana (la propia casa matriz de la mística constituye otro gran misterio). No está claro si los contemporáneos de Gaudí fueron capaces de reconocerlo, de haber sido así quizá hubieran respetado las birretas doctorales, aunque lo más probable es que vieran en ello un ejemplo más de la extravagancia arquitectónica del artista.

Columna retorcida en el comedor de la planta baja (izda). Pasillo y corredor principal de la misma planta (dcha).

Casa Calvet

1898–1899

Si bien Gaudí se había dado a conocer gracias a
suntuosos edificios, la mayoría de los mismos son
asombrosamente pequeños y, a menudo, cumplen
las funciones más triviales. La casa Calvet
tenía que acoger una planta comercial y servir al
mismo tiempo de vivienda, quizá por eso el artista
reprimió un poco su creatividad. Esta casa (en la
calle de Casp en Barcelona) era un edificio
convencional; por su labor en ella Gaudí recibiría
una mención honorífica de la ciudad, el único
reconocimiento oficial a lo largo de su vida. Quizá
la administración se alegraba de que el artista
hubiera realizado en el centro de Barcelona una
refinada vivienda, frente a las imaginativas
arquitecturas que hasta ese momento había
llevado a cabo. A pesar de todo, todavía se puede
encontrar en ella una pequeña dosis de fantasía:
Las efigies de tres santos que, desde el piso
superior, se asoman insolentes hacia la calle; las
grúas ricamente decoradas e incluso la propia
altura que sobrepasaba el máximo permitido.

Arriba: Balcón ricamente decorado que se sitúa sobre la entrada de la fachada principal.

Pág. 97: Fachada de la casa Calvet vista desde la calle de Casp.

Pág. 99: Lado posterior de la casa Calvet que se organiza mediante la alternancia de balcones y galerías. Al igual que en la fachada, destaca el propósito de crear un ritmo basado en la repetición de elementos.

Pág. 100: Vestíbulo con la escalera y el ascensor.

Gaudí comienza en 1898 una casa de considerables dimensiones en el núm. 52 de la calle de Casp (en la actualidad el núm. 48). No era la primera experiencia en este campo; ya a fines de los años 90 había construido una casa (vivienda y comercio) para D. Mariano Andrés y D. Simón Fernández que, en cuanto a su función, se acercaba al proyecto de Barcelona: la planta baja con locales comerciales y los pisos superiores dedicados a vivienda. La casa de los Botines en León era un edificio de imponentes dimensiones con dos viviendas grandes y cuatro pequeñas, más que una casa parecía un palacio. Ello se debía sobre todo a su posición, situada independiente – algo nada fácil en el centro de una ciudad – junto al Palacio de los Guzmanes y con dos lados dirigidos hacia la plaza de S. Marcelo. Gaudí tuvo en cuenta todo esto y remató las esquinas con miradores redondos que se elevan en forma de torres cilíndricas coronadas por tejadillos cónicos, animando el sobrio tejado del edificio. Las condiciones en la calle de Casp eran, en comparación, desfavorables.

Gaudí tenía que encadenar la casa a los bloques de edificios preexistentes sin dejar ningún espacio intermedio, algo completamente nuevo para él. Incluso en la Casa Vicens, en un distrito muy poblado, se logró crear gracias a una hábil distribución del espacio una zona libre considerable que hacía parecer la casa mucho más grande de lo que en realidad era. Si la comparamos con la Casa Calvet (nombrada así según el cliente, heredero de Pere Mártir Calvet) ofrece ésta una impresión mucho más delicada. Lateralmente se encuentra comprimida por las casas vecinas, lo que además provocó problemas con el vecindario. Las monjas de un convento aledaño formularon una reclamación contra la obra; como respuesta Gaudí levantó una celosía en el patio que impide la visión gracias a los numerosos orificios cuidadosamente planeados, pero que no deja de ofrecer la impresión de una asombrosa traslucidez: Estos orificios se convierten en el borde superior en arcos biselados, dando lugar a una especie de persiana. Una vez más demuestra Gaudí su capacidad como arquitecto pragmático.

A pesar de la limitación espacial lateral, la casa debía agrupar diversas funciones: el sótano y la planta baja tenían que servir, al igual que en León, de almacén y tienda; mientras que en los pisos superiores debían hacerse ocho viviendas. Debido a ésto el edificio se extendió, al contrario que en León, a lo alto y no a lo ancho, comprendiendo en total cuatro pisos. Para lograr sus propósitos Gaudí construyó, en contra de sus inclinaciones, un edificio sencillo de planta casi simétrica con dos patios cuadrados al lado de la escalera y otros dos rectangulares situados en los extremos largos; estos patios tenían que procurar luz a las viviendas.

La casa Calvet es en general la obra más convencional del artista, casi monótona desde el punto de vista estructural, y resulta por tanto irónico que fuera precisamente ella la que le granjeara conflictos con la administración municipal. Como remate de la fachada se levantaban dos frontones elegantemente curvados que sobrepasaban la altura máxima permitida. Éstos no eran otra cosa que la expresión de la caprichosa personalidad artística de Gaudí, simples ingredientes formales (igual que las torrecillas de la casa Vicens o del Capricho) de

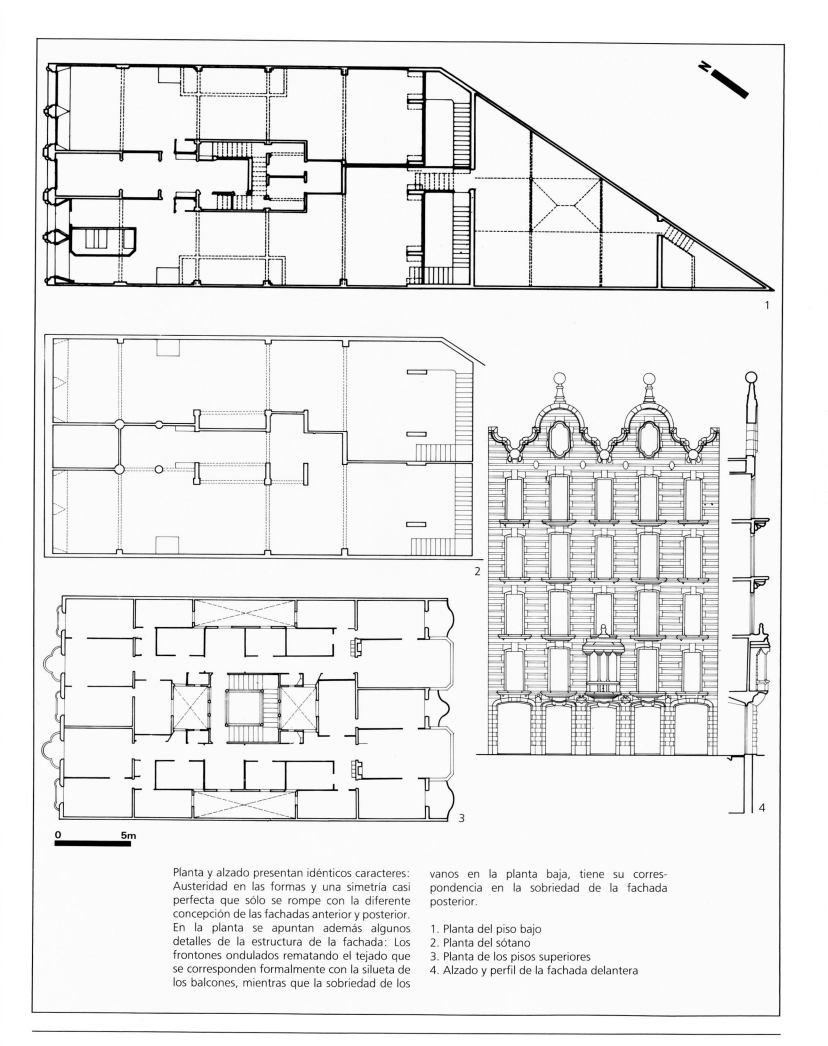

Planta y alzado presentan idénticos caracteres: Austeridad en las formas y una simetría casi perfecta que sólo se rompe con la diferente concepción de las fachadas anterior y posterior. En la planta se apuntan además algunos detalles de la estructura de la fachada: Los frontones ondulados rematando el tejado que se corresponden formalmente con la silueta de los balcones, mientras que la sobriedad de los vanos en la planta baja, tiene su correspondencia en la sobriedad de la fachada posterior.

1. Planta del piso bajo
2. Planta del sótano
3. Planta de los pisos superiores
4. Alzado y perfil de la fachada delantera

los que se podría haber prescindido. El artista no buscó ninguna solución convincente que respondiera a las quejas de las monjas, sino que adoptó una postura intransigente, amenazando incluso con cortar la fachada exactamente a la altura de lo permitido. A pesar de todo, consiguió imponer su voluntad colocando además un remate adicional en forma de cruz que dotaba al sencillo edificio de una cierta levedad, un impulso ascendente. Aprovechó los frontones para disponer en ellos dos utilísimos artefactos que, a modo de grúa, se utilizaron para subir los muebles.

La disposición de estos elementos en el tejado, donde no eran

Arriba: Artesonado del salón con motivos florales. Toda la casa se adorna con semejantes artesonados.

Pág. 103: Gaudí concibió las paredes con una primorosa decoración. Frente a los severos marcos de puertas y ventanas, destacan los motivos florales y los diseños de espíritu modernista; los azulejos, en un azul intenso, contrastan con el color de los muros de estuco.

visibles al viandante, concordaba por completo con el carácter del artista. Cuando un día durante el transcurso de las obras pasó por allí el matrimonio Güell para visitar el edificio, preguntó sorprendida la señora Güell por el significado de aquellas extrañas «marañas» en lo alto. Gaudí respondió, con su habitual sentido irónico, que eran cruces, «marañas y para muchos un problema».

Menos llamativa, pero no por ello de menor efecto, es la distribución de la fachada. Si se confronta con los discretos edificios vecinos, parece incomparablemente mayor, no sólo a consecuencia del remate. Los múltiples balcones con sus barandillas cóncavas de hierro producen la impresión de que toda la fachada se abomba. Gaudí

buscó intencionadamente el efecto y así, aunque el edificio es casi simétrico, los balcones presentan un aspecto diverso, los de las zonas exteriores son más pequeños y menos abultados que los centrales. En el centro de la fachada, sobre la puerta principal, se concibió una gran galería, casi de estilo barroco, dónde Gaudí despliega al máximo su apego por las alusiones simbólicas y cuyo mejor exponente vamos a encontrar en la Sagrada Familia. La entrada se adorna con las iniciales del a pellido familiar y un ciprés, símbolo de la hospitalidad.

La casa cobra volumen gracias al empleo de grandes bloques de piedra que Gaudí había utilizado hasta entonces sólo en combinación con otros materiales. La desigual superficie de los sillares evita que la fachada, en principio simple, parezca tan plana. Siguiendo la simetría estructural, la fachada posterior tendría que haber tenido la misma concepción; pero, en lugar de los balcones abombados, encontramos dos hileras de galerías acristaladas provistas de contraventanas. Esto hace que la fachada parezca más plana, a lo cual contribuye además el hecho de que los muros presenten un estucado, en lugar de los sillares de piedra sin desbastar. Es en estas pequeñas diferencias donde se descubre al gran detallista que también tuvo en cuenta los gustos de su cliente: en las esculturas del tejado aparecen, al lado de San Pedro Mártir, santo onomástico de Calvet, los patronos de S. Ginés de Vilassar. En la fachada se pueden rastrear otros elementos simbólicos, como los motivos de setas del primer piso, donde se encontraba la vivienda de Calvet; no hay que olvidar que éste era un gran conocedor y coleccionista entusiasta de las mismas. Tampoco podemos pasar por alto la puerta principal con

Pág. 104: Banco y espejo del vestíbulo. Resalta el recubrimiento a base de azulejos de color azul.

Pág. 106–107: La concepción de los muebles resulta mucho más caprichosa que el palacio en sí. Gaudí hizo uso, sobre todo en sillas y bancos (pág. 107), de las formas del cuerpo humano.

Abajo: Muebles diseñados por Gaudí en madera de roble tallada y pulida.

una curiosa aldaba con una cruz que percute contra la chinche, símbolo del pecado; cuando el visitante golpeaba al insecto antes de entrar en la casa, estaba castigando simbólicamente al mal.

La decoración interior tampoco resulta tan llamativa como en otras de sus creaciones. Las columnas retorcidas de las escaleras, aun siendo ostentosas, resultan un poco delgadas y no están hechas de granito auténtico. A su lado contrasta la pared de azulejos azules con motivos espiraloides que recuerdan las ilustraciones de William Blake, uno de los predecesores e inspiradores de la ornamentación modernista. El proyecto arquitectónico resulta en general menos interesante, si bien no hay que olvidar los patios interiores que constituyeron una innovación en aquella época (al incorporarlos directamente al lado de la escalera, producen la impresión de ser estancias adicionales).

El máximo atractivo reside en el mobiliario, en una acepción amplia del concepto, dentro del cual podrían incluirse las vistosas puertas con grandes superficies en marrón oscuro que actúan como remansos de quietud para la vista. Dignas de mención son también las mirillas de metal que siguen la huella del dedo de Gaudí al taladrar una placa de escayola. Los muebles para la vivienda de Calvet, al igual que en el palacio Güell, fueron diseñados por el propio artista (de ahí que su propietario actual se ocupe de mantenerlos en buen estado) y mantienen un estrecho contacto con el Art Nouveau. En su concepción se tuvieron muy en cuenta las características del edificio, sobrio en general, pero caprichoso y simbólico en los detalles. Parecen más pequeños que los retorcidos ejemplares, llenos de arabescos, creados para el palacio Güell. Los respaldos se perforan creando decorativas formas y las patas se curvan graciosamente. A menudo nos sorprenden grandes superficies casi sin decoración que parecen agitarse en un movimiento apenas perceptible, aunque no presenten el más mínimo parecido con superficies animales o vegetales. Los muebles, al igual que el edificio, son expresión de un equilibrado juego armónico entre sobriedad y barroquismo.

Cripta de la Colonia Güell

1898–1917

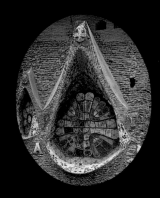

Según el croquis realizado por el propio Gaudí, (foto dcha.) tenía que llegar a convertirse en una gran iglesia, pero este dibujo no señala ningún tipo de detalles. Durante el transcurso de las obras el artista se dejó inspirar por el entorno natural. Nunca le faltaron semejantes ideas, de ahí que no pudiera llegar a terminar la mayoría de sus proyectos. La cripta quedó también inconclusa, de manera que primero es necesario observar los dibujos de Gaudí para hacerse una vaga idea de como se había imaginado el suntuoso conjunto. Es evidente el parecido con su obra cumbre, la Sagrada Familia. Estaba situada en el centro de la colonia obrera de Santa Coloma de Cervelló, fundada por Eusebi Güell en 1898, pero tan solo se realizó esa parte que normalmente no se ve en las iglesias: la cripta. A pesar de todo, este fragmento encierra tal genialidad que obliga a incluirlo dentro de las obras maestras de Gaudí.

Pág. 109: Bosquejo exterior de la iglesia de la colonia Güell. Para su realización Gaudí se basó en la fotografía de una maqueta realmente caprichosa: numerosos saquitos llenos con perdigones y colgados de una serie de cordones. El peso de estos saquitos correspondía a la presión (escala: 1 a 10.000) que arcos y pilares habrían de soportar. De esta forma, obtuvo un modelo invertido de la estructura general del edificio.

Pág. 111: Pórtico columnado y entrada de la cripta. Las columnas se bifurcan de forma asimétrica hacia lo alto aludiendo a la estructura de las ramas de los pinos que rodeaban al edificio.

Arriba: Fotografía del año 1913 tomada durante las obras.

Gaudí empleaba cada vez más tiempo en las obras y se iba apartando paulatinamente de las costumbres, no sólo artísticas, de un arquitecto. Desde comienzos de siglo sus obras parecen las estaciones de un proceso reflexivo continuado; la cripta, fragmento único de la gran iglesia proyectada en un principio, señala el comienzo de este proceso. Precisamente por eso es necesario compararla con el gran proyecto que va a ir acaparando la energía y el tiempo del maestro: La Sagrada Familia.

Güell había fundado en 1890 una fábrica textil y una colonia obrera al lado, situadas en el sur de Barcelona en Santa Coloma de Cervelló; de ahí que en los documentos la cripta aparezca con los nombres más diversos: Cripta de la Colonia Güell, iglesia de Santa Coloma (un nombre quizá demasiado eufórico, ya que de la citada iglesia sólo se llevó a cabo un fragmento de la base), capilla Güell, iglesia Güell o simplemente Santa Coloma.

El aspecto de esa iglesia sólo puede ser intuído a través de un croquis realizado por Gaudí con una idea aproximada. Este dibujo, al igual que los de la Sagrada Familia, transmite tan sólo una impresión; su interés reside menos en la iglesia misma que en los precedentes estilísticos que propone para la Sagrada Familia. En el dibujo aparece una iglesia coronada por numerosas torres, cuyo antecedente encontramos ya en los arcos parabólicos del palacio Güell y que servirán de inspiración para las torres de la Sagrada Familia. La parte inferior de la iglesia ofrece una agitada línea horizontal ondulada, similar al banco serpenteante del parque Güell y que reaparece en el tejado de la escuela comunal de la Sagrada Familia. El tercer precedente lo constituyen las columnas inclinadas a modo de basamento que también encontramos en el citado parque, construido paralelamente a la cripta. Ambas obras se pueden encuadrar dentro del mismo período estilístico.

Resulta inconcebible saber como habría de levantarse la iglesia

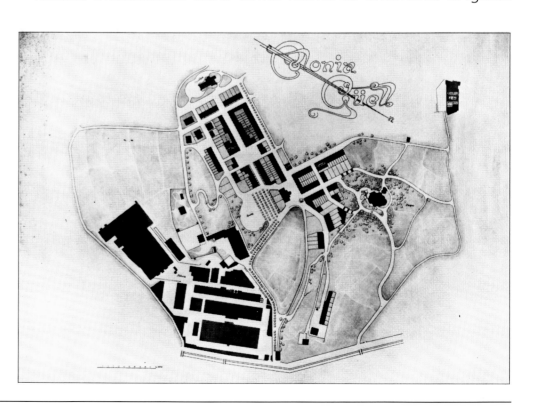

Derecha: Plan general de la colonia Güell.

Pág. 112–113: Vista general del pórtico de entrada. Este pórtico columnado ofrece el aspecto de una cueva natural.

sobre la cripta; ésta se amoldaba a la cima de un pequeño cerro rodeada por un bosquecillo de pinos, con lo cual la parte posterior resultaba completamente inaccesible, mientras que en la base se situaba un pórtico columnado. Aunque nos resulte difícil imaginar la cripta a modo de basamento, es necesario señalar que, en la mayoría de las obras de Gaudí, sólo es posible comprender la relación que integra las distintas partes en una unidad estilística y constructiva ante el edificio concluido. En este sentido es una pérdida enorme el que la iglesia no fuera construida y que tampoco se realizara un modelo de escayola como en la Sagrada Familia (el que continua dando las instrucciones pertinentes decenios después de la muerte de su creador).

Gaudí utilizó un modelo para la construcción de la cripta; no se trataba de una maqueta del edificio, sino que servía únicamente para calcular las fuerzas de equilibrio. Las obras de la cripta duraron más de 10 años, un largo período de tiempo que sólo se puede entender si se considera como un trabajo de transición a su gran proyecto. Este trabajo constituye de echo un campo experimental donde van a madurar los elementos básicos de la arquitectura gaudiniana: el ya conocido arco parabólico y los pilares inclinados. Gaudí creó, junto con sus asistentes y colaboradores, un modelo para estudiar el comportamiento de las presiones en un edificio. El modelo estaba consti-

Abajo: Una zona del pórtico cubierto con bóvedas paraboloides hiperbólicas.

tuido por bolsitas de perdigones colgadas de cordones con el peso
proporcional que, según pensaba, habrían de soportar arcos y pilares
(la relación proporcional era de 1 : 10.000). Los cordones se ordena-
ban en una armadura estática equivalente a la estructura del edificio
real pero invertida. Gaudí era un arquitecto empírico que comprobó
las leyes de equilibrio en la naturaleza; mejor dicho, estudió el
comportamiento de la naturaleza en un modelo que la copiaba.

La cripta es el resultado de un esqueleto perfectamente estudiado,
si bien a primera vista no podamos apreciarlo. En principio, llaman la
atención las columnas realizadas en ladrillo, su material habitual, a
veces redondeado. Este material se complementa con bloques de
basalto y grandes bloques de piedra sin desbastar mezclados con
plomo en los puntos de ensamble. A medida que se avanza en
dirección al altar, agachamos instintivamente la cabeza, ya que la
inclinación de las columnas es tan fuerte que hace pensar en un
derrumbamiento inminente. Para las columnas centrales de apoyo
Gaudí utilizará, en contra de su costumbre, bloques compactos de
basalto con el fin de no aumentar el aspecto de fragilidad que
producen las bóvedas.

La sala del altar no se cubre con una bóveda en el sentido estricto,
más bien se trata de una serie de muros de ladrillo arqueados (solución similar a la seguida en Bellesguard). Si a esto le unimos las

columnas de basalto en un color claro y las de ladrillo enlucidas en su tercio inferior, se acentúa la impresión de aligeramiento en la parte superior. El conjunto semeja más a una cueva excavada o a una gran concavidad que a un edificio hecho por el hombre. Es imposible encontrar en ella dos elementos que sean iguales; cada columna ostenta una forma original, igual que los árboles en la naturaleza. La cripta, junto con el parque Güell (levantado en la misma época), son los edificios que más se acercan a la naturaleza, pero sin copiarla. El artista sólo utilizó algunos elementos constructivos que halló en ella. La escalera que conduce a la cripta (y en definitiva a la iglesia) es otra prueba más de lo que la naturaleza representaba para Gaudí. En ese lugar se encontraba un viejo pino que el arquitecto respetó dirigiendo sencillamente la escalera alrededor del árbol. «Una escalera se construye enseguida —pensaba—, pero un árbol necesita más tiempo para crecer». Con esta escalera retorcida de forma irregular se acentúa el carácter naturalista de la obra.

En la sala central se dirige la atención hacia el centro sagrado (los arcos se concentran radialmente en un punto sobre el altar), el cual está rodeado por un deambulatorio en forma de U que contradice el espíritu de una cripta. La mirada del espectador queda atrapada en un matorral de columnas, a diferencia de la nave principal de la Sagrada Familia donde cabría hablar de un verdadero bosque columnado. Ello se debe a que la cripta de la colonia Güell se halla impregnada de un primitivismo e irregularidad, sobre todo las columnas que se bifurcan y multiplican hacia lo alto generando un auténtico entramado de líneas. Este corredor constituye el pórtico de la cripta y una

Pág. 116: Piedra clave del pórtico. La sierra y el anagrama son símbolos del carpintero y aluden a San José.

Pág. 118: Interior de la cripta. La cubierta descansa sobre columnas de ladrillo y basalto.

Abajo: Mosaico multicolor situado sobre la entrada de la cripta.

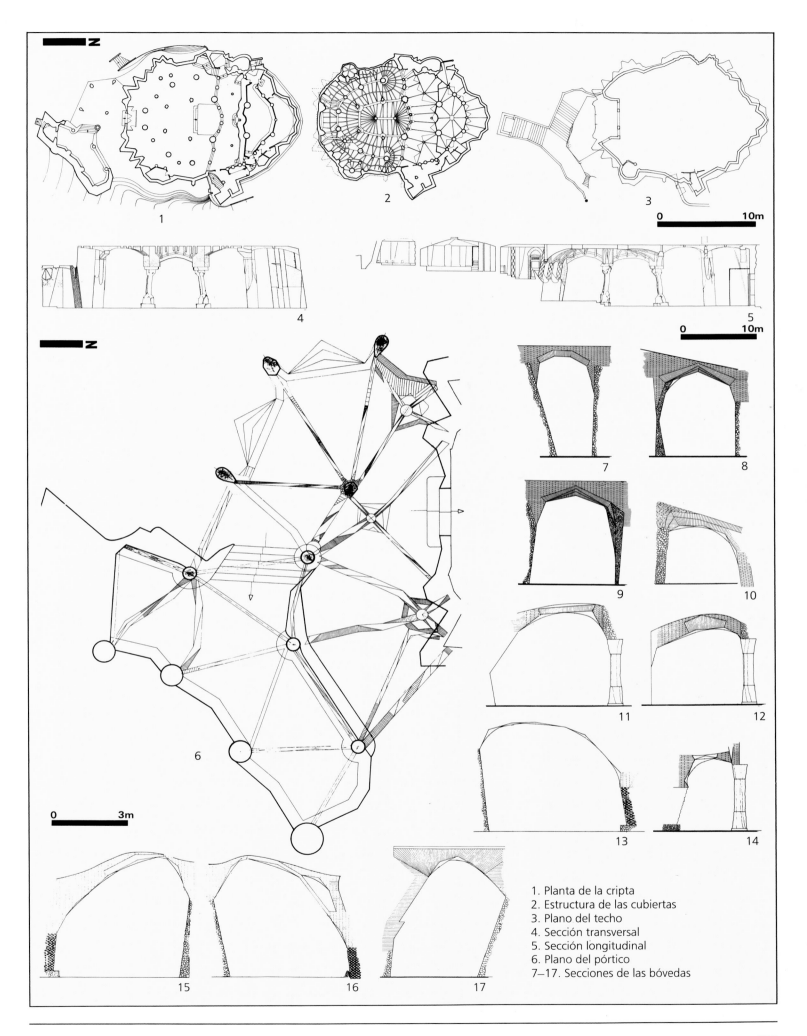

1. Planta de la cripta
2. Estructura de las cubiertas
3. Plano del techo
4. Sección transversal
5. Sección longitudinal
6. Plano del pórtico
7–17. Secciones de las bóvedas

Capitel del pilar inclinado y muros de refuerzo a base de basalto (izda). Parte superior de la columna de apoyo y nervaduras de la cubierta (dcha).

preparación para la iglesia cuyas columnas recogen la estructura del pinar y configuran una pausada transición de la naturaleza a la arquitectura.

Los principios constructivos de la cripta resultan mucho más expresivos en las columnas del corredor, compuesto únicamente por arcos hiperbólicos y muros inclinados, que debía sostener la cubierta y servir, al mismo tiempo, como base de la iglesia. Un sistema similar a la techumbre del «templo dórico» en el parque Güell que servía además como apoyo de la gran terraza. En estos dos ejemplos se funden techo y suelo configurando una unidad; se lleva a cabo una síntesis entre pesos y apoyos que encontraría su máxima expresión en las columnas de la Sagrada Familia.

Gaudí logra con este edificio establecer una conexión ideal entre el exterior de aspecto naturalista — sobrio si se lo compara con el parque Güell — y la ornamentación a base de mosaico, situada encima de la puerta, diseñada por el propio artista. Al igual que en otros muchos puntos, también aquí se puede rastrear un paralelismo con la Sagrada Familia, concretamente en dos mosaicos dedicados a San José.

La iglesia de la colonia Güell, aunque permanezca inacabada, puede considerarse como una obra integral, un edificio sombrío de colores naturales que se adapta a la colina formando una segunda

cima artificial. La arquitectura parece una duplicación de la naturaleza, lo que se refleja incluso en la concepción de las ventanas (de colorido similar a Bellesguard), pero que ya no tienen ningún parecido con el modernismo. Las formas de los vanos de inspiración natural, semejan gotas de agua petrificadas a través de las cuales penetran haces de luz multicolor. Aún cuando esta cripta no sea más que un fragmento de un gran proyecto, puede ser considerada como una pequeña obra maestra.

Arriba: Columnas de apoyo y bóvedas en el interior de la cripta (izda). Pilares de basalto inclinados (dcha).

Pág. 122–123: Muro exterior de la cripta. El enrejado de las ventanas se realizó con agujas inservibles procedentes de los telares de la fábrica situada en la Colonia Güell.

Pág. 124–125: Las ventanas multicolores, vistas desde el interior de la cripta (arriba) y desde el exterior (abajo).

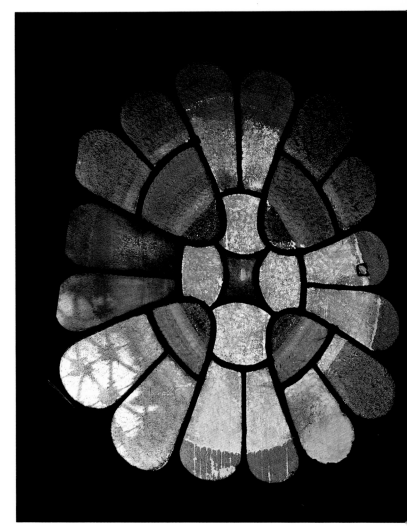

Bellesguard

1900–1909

Gaudí era un catalanista por completo, en casi todas sus obras se encuentran indicios de las inclinaciones nacionalistas. En 1900 inició una obra que habría de convertirse en el símbolo de Cataluña, el sueño de un pasado grandioso que se remontaba a la lejana Edad Media. El artista concibió para Doña María Sagués una casa de campo que hubiera sido digna de un conde medieval. La magnífica puerta, las almenas apuntadas y la elevada torre parecen una reliquia de los tiempos antiguos. Pero no es sólo el estilo lo que recuerda la época gloriosa de Cataluña, sino también el terreno donde se construyó el edificio. Allí mismo se había levantado una suntuosa residencia perteneciente a Martí I, último rey de Aragón. Gaudí respetó las escasas ruinas de aquella casa señorial, como monumento de advertencia para los catalanes.

El nacionalismo de Gaudí y su origen catalán van a aflorar repetidamente en muchas de sus obras. No en vano fue nombrado por su amigo Joaquim Torres «el más catalán entre los catalanes«. En sus casas (Casa Calvet o Casa Milà) tropezamos una y otra vez con las palabras del poeta catalán Jocs Floral «Fe, patria, amor». Por doquier se encuentra la bandera roja y amarilla, así como la cabeza de dragón del blasón de Cataluña (como un gran disco de mosaico al final de la escalera de entrada al parque Güell). En 1907 propone la construcción de un reloj solar, a modo de monumento, para conmemorar el séptimo centenario del nacimiento del rey Jaume I; así mismo, al celebrarse el centésimo aniversario del filósofo catalán Jaume Balmes en 1910, deseaba levantar voluminosos trabajos en su honra. Ninguno de los dos proyectos fue llevado a cabo, no cabía esperar una mentalidad tan popular y nacionalista por parte del gobierno. Solamente se le encargó la creación de dos farolas para Balmes que además serían retiradas en 1924; pero ya sabemos que Gaudí nunca había tenido suerte con las instituciones públicas, sus planes y sueños fueron siempre realizados a través de canales privados (en el palacio Güell existe todavía el blasón de Cataluña).

Pero su empresa más catalanista es Bellesguard, una casa construida entre 1900 y 1909. En esta época Gaudí ya había dejado atrás sus primeros tanteos en busca de un estilo propio, si bien tampoco era el arquitecto formado que más tarde encontraremos en el parque Güell.

Desde un punto de vista arquitectónico, se trata de un trabajo de transición, con elementos góticos y una planta relativamente sencilla (similar a la de la casa Calvet), que tiene un puesto especial dentro de la obra de Gaudí. Faltan las reminiscencias árabes, sus elegantes adaptaciones de los arabescos modernistas y, sobre todo, el color que por aquel entonces distribuía vistosamente en el parque Güell o la Sagrada Familia. Bellesguard no puede ser considerada como una casa en sentido estricto – nada parecido se encuentra entre las creaciones de Gaudí –, más bien parece un vestigio de la antigüedad. Se levanta como un bloque monolítico en el paisaje, en parte debido a su planta casi un cuadrado perfecto.

Si no fuera por la punta de la torre y la cruz dispuesta en sentido transversal – la cual casi llegó a convertirse en la marca del artista y que también aparece en el pabellón de entrada al parque Güell –, si se observa desde un punto más alejado, ofrece el aspecto de una ruina medieval. Esta impresión no estaba lejos de las intenciones de Gaudí que introdujo conscientemente las alusiones a la Edad Media. La casa no puede clasificarse como un ejemplo de su nueva arquitectura vanguardista, más bien se trata de una especie de monumento al gran pasado glorioso de Cataluña. Gaudí se dejó inspirar y dirigir por el propio lugar, lo que responde por completo a la tendencia seguida en las construcciones de aquel año: el plano integral del parque Güell viene determinado por las condiciones naturales del terreno y Bellesguard tiene su origen en el pasado histórico. Doña María Sagués, viuda de Figueras y una antigua admiradora del artista, le encarga en 1900 una construcción que debía resucitar el valor histórico del lugar: Martí I, último rey de Aragón apodado «el Humano», mandó

Gaudí dotó la cubierta del sotabanco (arriba) con grandes arcos de ladrillo. En el piso principal (abajo) los arcos se recubrieron con un enlucido.

construir en 1408 una casa de campo en ese lugar. El nombre «Bell Esguard» («Bella vista») provenía ya de antiguo y se debía al magnífico panorama de la ciudad que el lugar ofrecía. Tras el reinado de Martí I, Castilla toma las riendas de la historia en España y los grandes tiempos de Cataluña tocaron a su fin.

Gaudí retoma elementos medievales, vuelven a aparecer los arcos apuntados de los que hacía tiempo se había alejado. En una esquina del imponente edificio sobresale la elevada torre siguiendo el estilo de los palacios medievales (aunque no sea precisamente gótico). Sin embargo no se puede decir que estas formas sean citas directas, sino más bien vagas alusiones y así se distrae la atención de los arcos

Pág. 130–131: Vestíbulo de entrada y escalera (izda). Escalera principal de Bellesguard y ventana en el descansillo de la misma (dcha).

Abajo: Puerta principal de Bellesguard protegida por una refinada reja de hierro forjado.

La forma de las ventanas, similar a un arco apuntado, hacen referencia a las influencias del neogótico. Gaudí moderó el ángulo superior con perforaciones circulares.

apuntados hacia las pequeñas cruces de los anaqueles, que reproducen la forma de la torre.

La organización de la fachada recuerda lejanamente a la Edad Media, si bien recoge la tradición de las fortalezas con un muro almenado que, a modo de remate defensivo, recorre toda la parte superior del tejado. El edificio debe ser entendido como un monumento en recuerdo a los tiempos florecientes de Cataluña y que no pudo llevar a cabo dentro de Barcelona. Así, los mosaicos que franquean la puerta de entrada sólo pueden ser interpretados como una referencia simbólica a la historia: dos peces azules aparecen en el centro, sobre cada uno de ellos una corona amarilla aludiendo al gran imperio marino que Barcelona representaba en aquella época («El Consejo de ciento», instituido por Jaume I, promulgó ya en 1259 el «Consolat de Mar», primer derecho marino de cuño moderno utilizado más tarde por otros paises mediterráneos como ejemplo para constituciones parecidas). La puerta de hierro es también obra de Gaudí aunque no siga la línea estilística de la casa; faltan los elegantes arabescos empleados por el artista en otros edificios, pero armoniza con las rejas de las ventanas provistas de barras de hierro redondas (a diferencia de las habituales bandas planas) de aspecto rígido y reservado. La fuente, el arrimadero y la lámpara del vestívulo fueron realizadas por Sugrañes.

La historia del lugar permanece también fuera del edificio. Gaudí conservó los restos de la antigua casa vinculándolos con el nuevo edificio mediante un jardín conjunto. Para ello hizo desviar el camino hacia el cementerio que transcurría entre las ruinas de dos torres y construyó — de forma similar al parque Güell — un soportal con columnas ligeramente inclinadas.

A pesar de su rigurosa forma cuadrada, la construcción se adapta perfectamente al paisaje. En él se combinó el ladrillo con piedras de esquisto propias del lugar, consiguiendo un aspecto sombrío y una fascinante mezcla de colores entre marrón ocre y gris parduzco. Ese silencioso aspecto domina en los pisos inferiores donde las robustas columnas que sostienen las bóvedas aumentan el grosor hacia la altura, de forma que parecen más pequeñas y rechonchas. El mismo efecto se repite en el piso superior con amplios vanos que dan luminosidad a la gran sala; en ella las poderosas bóvedas de ladrillo marrón sin enfoscar adquieren un aspecto casi decorativo, algo muy utilizado por el artista que no gustaba de dismular los elementos arquitectónicos.

Una atmósfera asombrosamente diáfana domina en los pisos superiores, lo que no podría intuirse al observar la casa desde el exterior. Gaudí consiguió este efecto gracias a las abundantes ventanas y a través de un proceso raras veces hasta ahora seguido por él: el enlucido de las paredes con yeso. Esta obra predice ya las futuras construcciones en las que la luz habría de jugar un papel cada vez más decisivo. El enlucido tiene además la función de atenuar la austera estructura de las habitaciones; las paredes se ablandan y las esquinas pierden su rigidez. La forma ondulada de la casa Milà ya aparece delineada aquí, un edificio que se presenta como una conjunción de contrarios. La comparación entre planta y alzado nos lleva

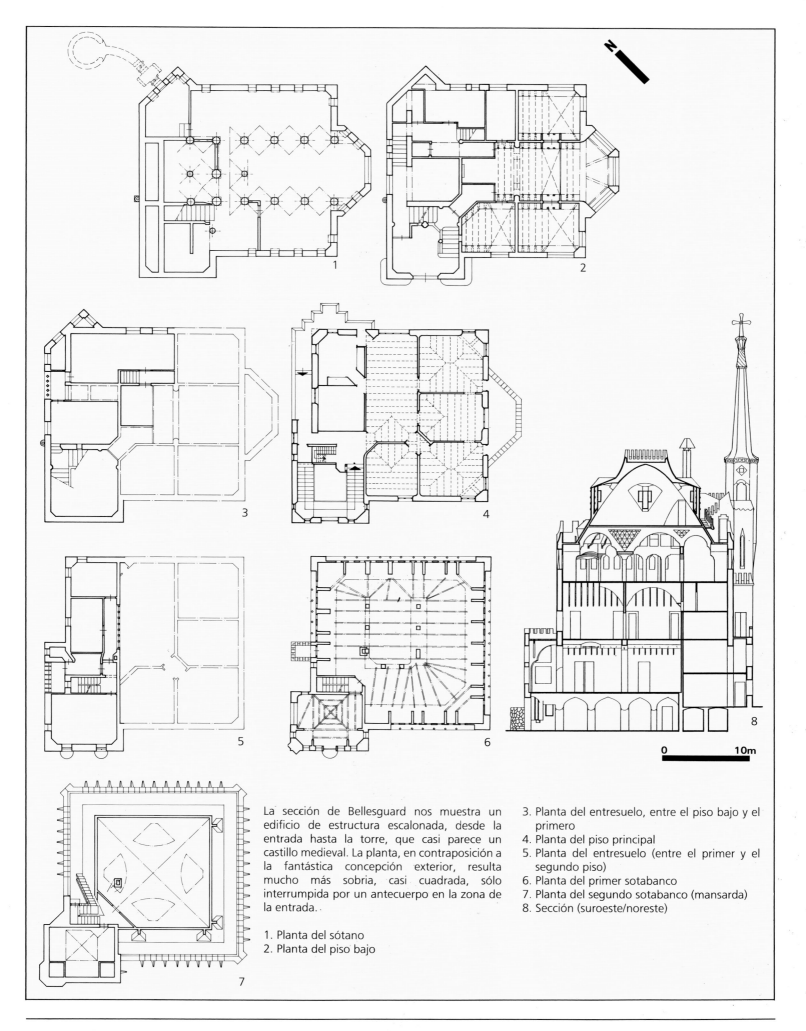

La sección de Bellesguard nos muestra un edificio de estructura escalonada, desde la entrada hasta la torre, que casi parece un castillo medieval. La planta, en contraposición a la fantástica concepción exterior, resulta mucho más sobria, casi cuadrada, sólo interrumpida por un antecuerpo en la zona de la entrada.

1. Planta del sótano
2. Planta del piso bajo

3. Planta del entresuelo, entre el piso bajo y el primero
4. Planta del piso principal
5. Planta del entresuelo (entre el primer y el segundo piso)
6. Planta del primer sotabanco
7. Planta del segundo sotabanco (mansarda)
8. Sección (suroeste/noreste)

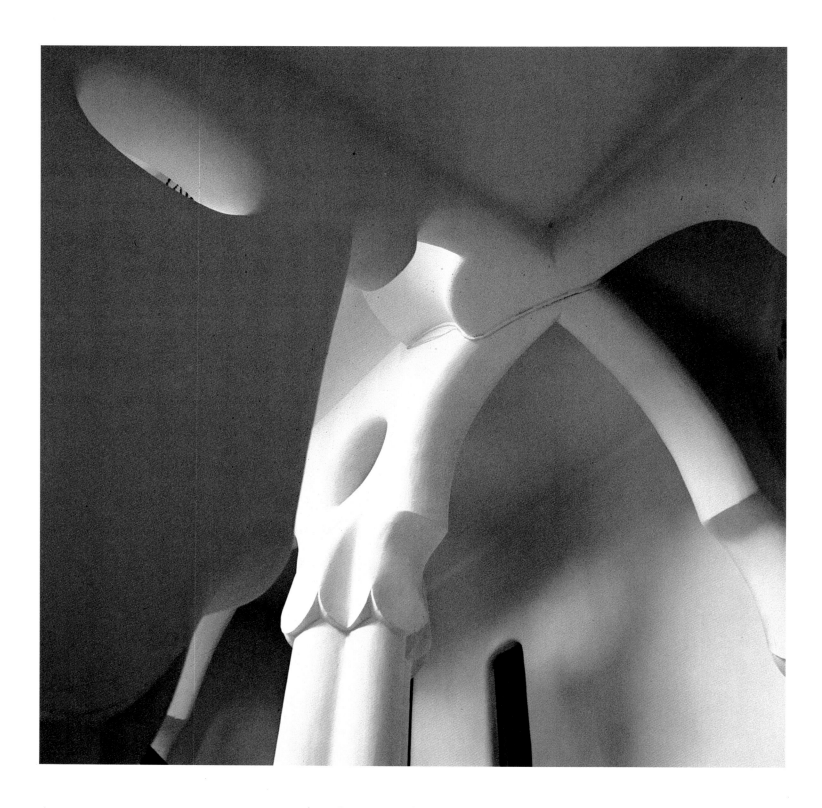

Parte superior de las columnas de la escalera. Mediante la suavidad de las líneas, desde el capitel hasta la cubierta, es absorbida la luz natural y distribuida por todo el espacio interior.

a la misma conclusión: la planta es casi un cuadrado perfecto en el que solamente la puerta avanza ligeramente (sobre ella se eleva la torre), mientras que el alzado presenta una estructura escalonada en la que se podría adivinar una elevación en tres niveles hasta la torre que corona el conjunto. Todo ello concede al palacio una cierta elegancia.

Si hacemos abstracción del piso inferior y los arcos de apoyo de la gran sala del sotabanco, el aspecto exterior del edificio es el de una ceñuda fortaleza, mientras que visto desde dentro ofrece la impresión de una elegante villa modernista. Los blancos muros y columnas, graciosamente ondulados, se bifurcan como si quisieran transportar-

nos a los demás recintos; luces y sombras establecen un juego ornamental. La mirada no se para en ningún lugar, sino que es guiada sin descanso de un sitio a otro. De esta forma al espectador no se le ocurre preguntar por la estructura (la estructura ocupa un puesto secundario entre las sensaciones del espectador). La casa adquiere en los pisos superiores la apariencia de una estancia única con interminables sinuosidades y rincones.

Gaudí también evita en esta obra la pureza estilística, si bien se trata de su propio estilo. En las columnas más delgadas utilizó tirantes de hierro como elementos de apoyo sin ocuparse de disimularlas, aunque esto habría sido relativamente sencillo. Así tropezamos una y

En el centro de la ventana una estrella de ocho puntas se hunde hacia el exterior; esta estrella debía simbolizar a Venus, diosa del amor.

135

otra vez con chocantes sorpresas incluso en estas estancias en las que domina la armonía. A ellas pertenecen las vidrieras, como una alusión juguetona a las vidrieras de las iglesias, combinadas en grupos complejos que recuerdan los vanos de estilo modernista y que además ocultan alusiones simbólicas (por ejemplo a Venus, diosa del amor). Gaudí combinó esas ventanas, que parecen salidas de otro mundo, con muros de azulejos en el estilo de la región y, directamente al lado, sobrios vanos de línea goticista con sencillos marcos de madera que producen un contraste chocante. Una prueba más de como Gaudí juega con los elementos estilísticos históricos hasta formar un collage a base de las formas más diversas. Este collage ha de ser interpretado – igual que en el surrealismo posterior – como una nueva unidad, cuya integridad se considera la base de un nuevo estilo.

Arriba: Las almenas, que contornean el tejado como una cenefa, nos recuerdan los castillos medievales.

También resulta curiosa la forma piramidal del tejado que, por su forma robusta, no constituye ninguna ruptura con el estilo. Cuando, partiendo de esas luminosas estancias, se asciende y desciende hacia el tejado, apreciamos el gracioso coronamiento del edificio: mediante las numerosas pequeñas arcadas apuntadas y, sobre todo, a través de la desigual superficie del tejado se evita la impresión de compacta pesadez que en realidad pertenecía al carácter básico del palacio. La superficie del tejado se configura como un mosaico de piedras de distintas formas que resulta asombrosamente variado y expresivo. Además, el tejado se inserta armoniosamente en el color del paisaje; la silueta de las almenas conduce al tiempo que Gaudí pretendía revivir con «Bell Esguard»: al año de 1409 en que el rey Martí I contrajo matrimonio con Margarida de Prades en el mismo Bellesguard. Tampoco es una casualidad que Gaudí clausurara la obra exactamente 500 años después de este acontecimiento, si bien no estaba completa del todo. Bellesguard pertenece a la larga serie de edificios inacabados del artista; sería concluido en 1917 por Domènec Sugrañes.

Pág. 136: Interior del primer sotabanco (segundo piso superior). Sobre esta estancia descansa un piso más.

Parque Güell

1900–1914

Este terreno, cubierto por un tupido pinar con
grandiosos paseos de palmeras, se ha convertido
hoy día en lo que su nombre designa, un parque.
En la gran plaza rodeada de árboles se encuentran
los ancianos para charlar o las parejas de
enamorados. El sinuoso banco multicolor, igual
que una serpiente gigantesca, ofrece el espacio
ideal para todos. Al iniciarse el proyecto aún no se
había pensado en un parque; faltaban las fuentes,
la tierra estaba reseca y sin vegetación. Debemos
agradecer a Gaudí el que hoy crezcan árboles y
matorrales; pero un simple parque, un centro de
recreo, no era lo que se tenía previsto en un
principio. Eusebi Güell, promotor y ferviente
admirador del artista, deseaba levantar algo más:
Había planeado una urbanización modelo, un
paraíso habitable, una ciudad jardín. El proyecto se
redujo a un parque que en la actualidad es
utilizado por toda la ciudad.

Pág. 139: Vista general de la escalinata principal que después se bifurca en dos brazos.

Derecha: Medallones mosaicos con el nombre del parque.

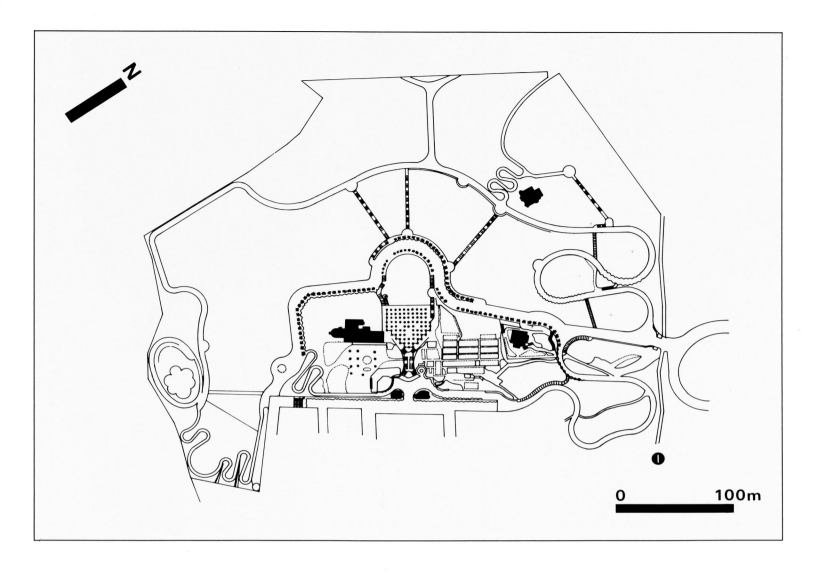

Plan general del parque demarcando las parcelas previstas para las viviendas.

El nombre con el que este complejo monumental se incorporó al paisaje urbano de Barcelona y con el que se le designa en la biografía de Gaudí, resulta relativamente modesto. Cierto es que el área se destina actualmente a parque y ese fue el destino que le asignaron, tanto el artista como el propio Güell; debía convertirse en el segundo gran parque de la ciudad. Los jardines paisajísticos ingleses, como compensación de la creciente industrialización en las ciudades, habían causado una fuerte impresión en el industrial durante sus viajes por el extranjero. En la concepción de esta obra tampoco hay que olvidar los jardines románticos selváticos en los que, a pesar de su origen artificial, predomina el carácter natural.

El parque Güell fue proyectado como una urbanización y ya desde un principio contó con un muro circundante. En aquella época el parque se encontraba apartado de la ciudad y el muro debía conferir una sensación de seguridad a los vecinos del área (hoy todo ésto ha cambiado por completo). En principio no era ningún lugar de recreo para los habitantes de la ciudad, sino un barrio residencial, aunque no fuera especialmente indicado para los ciudadanos sin recursos. Con este fin fueron proyectadas 60 parcelas triangulares que debían asentarse en la ladera del monte, de forma que no perdieran la vista sobre Barcelona con construcciones posteriores. Todas ·las casas debían ser construidas en zonas bien soleadas.

Gaudí proyectó una gran terraza como centro de reunión, un lugar para celebrar fiestas populares y representaciones teatrales.

Por desgracia el plan fracasó, tan solo se vendieron dos parcelas y la ciudad no mostró ningún tipo de interés en una empresa semejante. El propio Gaudí se mudó a una de las casas, pero no porque quisiera vivir como un potentado; en ese sentido era un hombre sin pretensiones que se fue haciendo más y más humilde con el paso del tiempo. Al final de su vida incluso llegaría a trasladarse al estudio situado al pie de la Sagrada Familia, un paso casi simbólico debido a motivos prácticos. Hasta ese momento su hogar estuvo en el Parque Güell convirtiéndose en vecino de su gran amigo, ya que en esa zona se encontraba la antigua residencia de la familia Güell (en la actualidad convertida en escuela). Gaudí vivía en aquella época con su anciano padre de 93 años que no podía subir escaleras, éste es el auténtico motivo del traslado al parque Güell. El artista se ocupaba además de su sobrina (la hija de su hermana que había fallecido tempranamente) cuyo padre era incapaz de garantizar una educación adecuada.

Es una lástima que este proyecto no fuera llevado a cabo, pues habría supuesto para Barcelona el contar con un modelo de urbanización vanguardista incluso para nuestros días. Gaudí consiguió con el plano la combinación ideal de zona de vivienda y áreas de reposo. Como punto central se había previsto una plaza que serviría de centro de encuentro para todos los vecinos, pero al mismo tiempo como escenario de obras teatrales y actos de carácter folklórico.

Si bien el «programa social» — en esencia una idea de Güell —

Los dos pabellones de la entrada (izda). Edificio administrativo a la izquierda de la entrada (dcha).

142

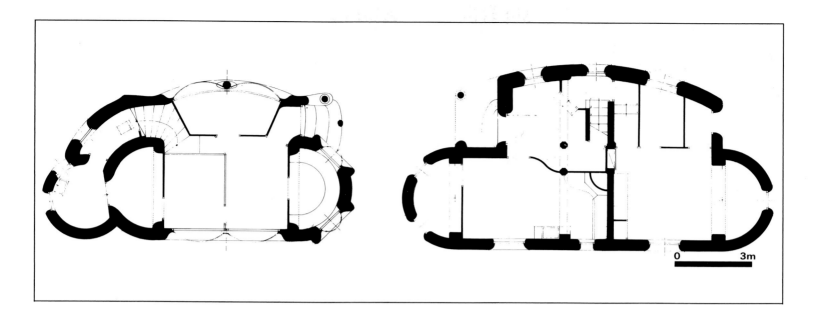

La planta de la portería y del edificio administrativo descubren que éstas eran la puerta de acceso al parque.

fracasó, se llevó a cabo aquella parte en la que Gaudí era responsable. El terreno previsto para las viviendas permaneció sin edificar, una vasta zona abandonada a la naturaleza. El área de recreo, sin embargo, constituyó una auténtica obra de arte, una especie de escultura gigantesca, como si un escultor hubiera utilizado el monte para llevar a cabo su obra. ¡Y qué escultor! Un hombre con una acertada intuición para la forma y el color, un escultor que era pintor al mismo tiempo. Esta capacidad para crear esculturas grandiosas habría de mostrarse, todavía con más grandeza, en la casa Milà.

Como ya es habitual en las obras del artista, el parque se compone de elementos diversos que se acoplan entre sí; tropezamos con los colores más variados y llamativos que habrían de sobresalir del cuadro natural, pero que se incorporan armoniosamente al conjunto y lo enriquecen sin perturbarlo. Causa la misma impresión el muro que rodea todo el parque y que abarca más de 20 hectáreas. En realidad se trata de un extraño cuerpo multicolor que se acomoda a los desniveles del accidentado paisaje.

El artista, en consonancia con las ideas de su cliente, se atuvo a los principios de la jardinería británica y, a pesar de todo, su arquitectura paisajística se diferencia básicamente de los modelos ingleses. Al igual que en sus primeras obras, Gaudí adopta sólo algunos principios de sus modelos, los adapta a su propio lenguaje formal y crea algo completamente nuevo. Lo mismo se puede decir de los préstamos neogóticos y modernistas.

Güell compró para el parque la Muntanya Pelada que se extendía al noroeste de la ciudad. Se trataba de una zona casi libre de vegetación; si en principio esto podría parecer una ventaja a la hora de construir, la falta de fuentes naturales y el suelo pedregoso hacían que el área no fuera adecuada para una urbanización y menos aún para un parque. Gaudí, como práctico que era, tuvo una ocurrencia genial para solucionar el problema. El solar presentaba también una gran inclinación lo que presuponía un problema adicional.

El paisaje accidentado ofrecía sin embargo las condiciones ideales para levantar un muro a modo de cercado. La forma del muro se

Pág. 145: Tejado de la portería cuya forma torreada corona con una especie de «seta volante».

Pág. 146: La calle, bordeada de palmeras, conduce a la puerta posterior del parque. Las grandes bolas de piedra separan la acera de la carretera.

adaptó a las premisas naturales; pero imponía fuertes acentos de color, especialmente en aquellas zonas que debían atraer la atención, en las siete puertas y sobre todo en la entrada principal. La parte inferior de esta entrada (dos tercios de la misma), situada hacia la calle Olot, estaba realizada a base de piedra de color ocre que se ensanchaba en la parte superior hasta rematar en un casquete ondulado cubierto con azulejos marrones y blancos. Este recubrimiento cerámico resulta en principio decorativo, pero además protege los materiales de baja calidad contra la acción corrosiva de la lluvia, las paredes se impermeabilizan a través de esta piel cerámica. Por otro lado, refuerza la función protectora del muro frente a los intrusos, pues no puede ser escalado sin ayuda de algún instrumento. El parque se convierte en una original síntesis entre función práctica y efecto estético, y muestra ese talento doble de Gaudí con más claridad que ninguna otra obra.

La entrada se encuentra flanqueada por dos pabellones que, a primera vista, parecen casas salidas del país de los cuentos con sus paredes irregulares y la ondulada pleamar de las cubiertas. Esa primera impresión de discordancia nos engaña, ya que los pabellones y el muro forman una unidad. Los pabellones presentan una planta oval incrustada en el muro circundante de forma que sus paredes casi parecen crecer de él. Los edificios están construidos, al igual que el muro, en piedra de color ocre con tejados cubiertos de azulejos multicolores. Tan sólo la torre de 10 metros, situada en uno de los pabellones, sobresale del conjunto. La torre, puramente decorativa,

Abajo: Tejado del edificio administrativo (izda). Portería a la derecha de la entrada (dcha).

presenta un recubrimiento de azulejos blancos y azules configurando un diseño ajedrezado. Aunque en principio pudiera parecer una ruptura con el paisaje, hay que decir que los colores se eligieron de acuerdo con la distribución cromática del fondo: el azul del cielo y el blanco de las nubes pasajeras. Al igual que en el muro circundante, encontramos también medallones de azulejos que llevan el nombre del parque.

El acceso de entrada remite ya a los principios constructivos que van a dominar en la obra: efectos sorprendentes que atraen mágicamente la vista fundiendo, al mismo tiempo, todos los elementos en una unidad armónica; materiales constructivos de baja calidad pero que aparentan ser muy costosos. El parque se construyó casi en su totalidad con los materiales que se encontraron en el solar. Gaudí se negó rotundamente a allanar una parte del monte para el trazado de los caminos, quería que la arquitectura se sometiera por completo a los dictados del paisaje; los senderos adoptaron la forma de viaductos y gargantas. De esta forma se obtuvieron los cascotes que habrían de ser utilizados para las construcciones. Las delicadas cubiertas cerámicas se realizaron con una especie de mezcla, «trencadís», compuesta de los siguientes materiales: restos de azulejos, fragmentos de vidrio y esquirlas unidas con argamasa. De este modo se estaba anticipando, ya a principios de siglo, a una corriente artística que habría de florecer en los años veinte, la técnica del collage dadaísta.

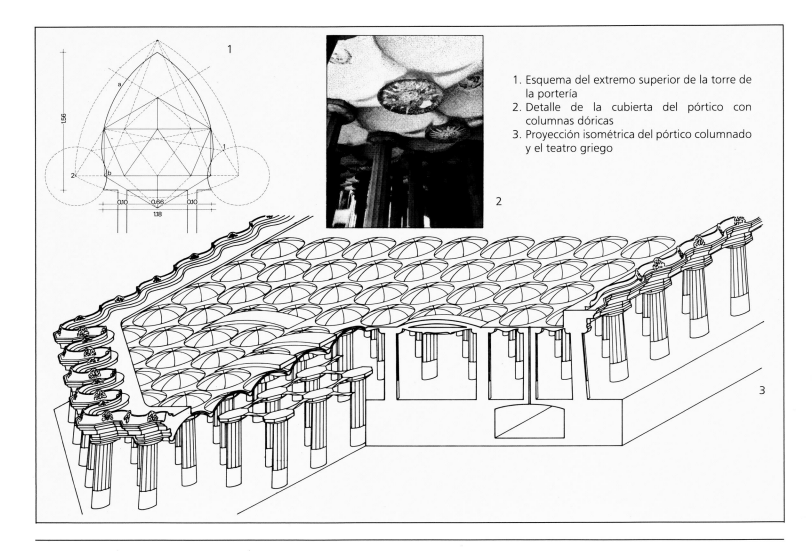

1. Esquema del extremo superior de la torre de la portería
2. Detalle de la cubierta del pórtico con columnas dóricas
3. Proyección isométrica del pórtico columnado y el teatro griego

La cubierta del pórtico columnado se adorna con medallones mosaicos de Josep M. Jujol.

Para la creación de los mosaicos contó con la colaboración de Josep Maria Jujol, un especialista en la materia. Gaudí era un ferviente defensor del trabajo en grupo; «el trabajo es producto de la cooperación y ésta sólo es posible si se basa en el amor». Llevaría la teoría a la práctica con su presencia constante en las obras de la Sagrada Familia.

Gaudí no fue nunca un teórico neto; creía que el cometido de un arquitecto no era crear grandes proyectos, sino más bien llevarlos a la práctica. Con esta opinión se incluía en una gran tradición desarrollada en los últimos decenios del siglo XIX, especialmente en Inglaterra, que propugnaba el pragmatismo trascendental. Una de sus expresiones más populares se encontraba en la obra de William Morris, constructor de muebles impregnado de una ideología a favor de las reformas sociales. Morris se consideraba a sí mismo como un artista y, por ello, siempre intentaba crear valiosos muebles que también estuvieran al alcance de los trabajadores más pobres. Había que revalorizar la estética de la vida diaria, tal como se llevaría a cabo en el parque Güell. Gaudí empezaba su carrera en una época que se esforzaba por derogar la separación entre arte y artesanía; es decir, entre el arte y la vida diaria. El parque Güell es una prueba de la verdad y viabilidad de esa idea; el hecho de que la ciudad no sintiera el más mínimo interés prueba que la sociedad todavía no estaba

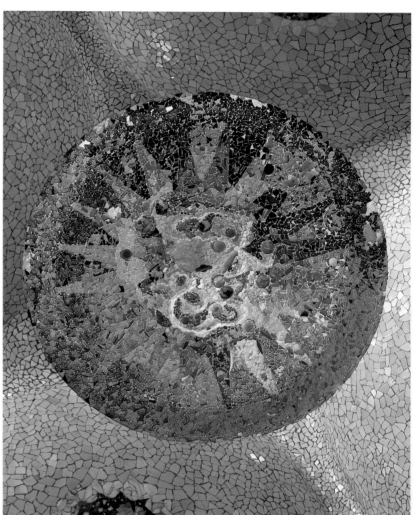

preparada para un proyecto tan avanzado. (En nuestra época de producción en masa, estos dos ámbitos se separan cada vez más y más.)

Con el empleo de materiales de baja calidad, Gaudí se estaba anticipando a los métodos cubistas de Picasso y Miró. Esta cuestión tenía más importancia para él que los problemas puramente constructivos; de ahí que se sirviera de una compleja estructura en capas, imposible de apreciar desde el exterior, con la que daba firmeza a sus creaciones. La torre del pabellón de entrada es completamente hueca por dentro, sus muros llevaban un grueso estrato interior (alrededor de 4 cm.) y una capa de cemento (durante la restauracíon de 1958 fue reforzada por dentro con una armadura metálica). Por encima se encuentran tres hileras de tejas y, por último, la capa de cemento que llevaba insertadas placas de cerámica configurando el mosaico exterior. Todo el parque está construido con un sistema similar. La ciudad reconoció esta estructura invisible cuando, en 1923, como propietaria del parque llevara a cabo ciertos trabajos de restauración. De paso hay que decir que las obras de Gaudí, a pesar de su frágil aspecto, se caracterizan por una asombrosa firmeza con lo que las restauraciones tardan en hacerse necesarias.

La organización arquitectónica de la zona dedicada al parque, la que determinaba el nivel de vida del conjunto, resulta fascinante. Tras franquear la entrada, nos encontramos con una escalinata monumental dividida en dos tramos que conducen, aún sin poderlo intuir, al núcleo del parque. Un dragón con escamas multicolores de fragmentos cerámicos aguarda al visitante en la terracilla que separa los tramos. El conocedor de la obra de Gaudí puede reconocer en él al guardián de hierro que ya vimos en las puertas de la finca Güell. Una vez más hay que buscar, tras estos juegos ornamentales, un significado más profundo. El dragón debía representar a Python, vigilante de las aguas subterráneas, con lo que se estaba aludiendo a lo que se escondía tras la figura escultórica: detrás del dragón se encuentra una cisterna, con una capacidad de 12.000 litros, para recoger la lluvia que habría de procurar el agua necesaria que un terreno tan reseco necesitaba.

Un poco más arriba se halla otro reptil también con una función simbólica; Gaudí estaba aludiendo mediante la cabeza de serpiente y las listas bicolores, al blasón de Cataluña. Al mismo tiempo servía, igual que el dragón, como rebosadero de la cisterna.

La misma escalera recuerda siglos pasados; pero, a medida que ascendemos, nos vemos transportados a tiempos mucho más alejados. Un pórtico con columnas de estilo dórico se levanta como un imponente templo griego; quizá como un gesto de reverencia a Güell, admirador del arte antiguo. Las columnas se ordenan igual que si estuviesen situadas en los puntos de corte de una red imaginaria, según el punto de vista del observador ofrecen el aspecto de una

Gaudí fue un maestro en el arte de lograr con materiales baratos resultados de impresionante efecto estético. Los magníficos mosaicos que adornan el banco del parque se realizaron mediante fragmentos multicolores de azulejos y cristales que permitían cubrir superficies curvas.

impenetrable selva de columnas o un pórtico compuesto por diversas hileras de columnas enfiladas. Gaudí, fiel a su estilo, no adopta estas reminiscencias de la antigüedad sin establecer un juego ornamental. Las columnas exteriores, siguiendo las premisas griegas, están ligeramente inclinadas y son un poco más anchas en la parte inferior, caracteres que el artista acentúa. El resto de las columnas interiores presentan la misma envergadura.

El parque se compone de una seria de elementos multifuncionales; igual que los dos reptiles de la escalinata son al mismo tiempo rebosaderos, las columnas del pórtico dórico responden también a varias funciones, no son sólo el soporte del techo (tampoco el techo es sólo techo), sino que además sirven de base para un elemento nuevo. Este techo es la parte central de todo el conjunto, sobre él se asienta lo que habría de ser la «plaza mayor» de la colonia y, al igual que en los ejemplos de la antigüedad, un escenario teatral. De esta forma podemos imaginarnos el parque como en un principio estaba planeado, como un gigantesco anfiteatro; el público no estaría sentado en las gradas alrededor del escenario, sino en la loma situada enfrente donde habrían de levantarse las casas de la urbanización. Este «Teatro griego» — tal y como Gaudí gustaba llamarlo — goza de unas dimensiones imponentes: 86 m. por 40 m. Sólo la mitad del mismo se apoya sobre suelo firme, la otra mitad descansa sobre las columnas del pórtico inferior; es así como la columnata se convirtió en el fundamento de un teatro griego desproporcionado. Las colum-

Pág. 154–157: Detalles de la decoración del banco a base de mosaicos. Una parte de los motivos fue diseñada por el propio Gaudí, el resto se realizó en un trabajo conjunto de los trabajadores que tomaron parte en la construcción del parque. Mediante diferentes fragmentos cerámicos se configuraron los motivos ornamentales, en parte simétricos, en parte irregulares y fantásticos.

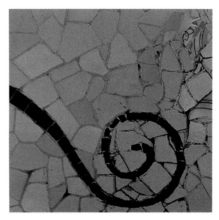

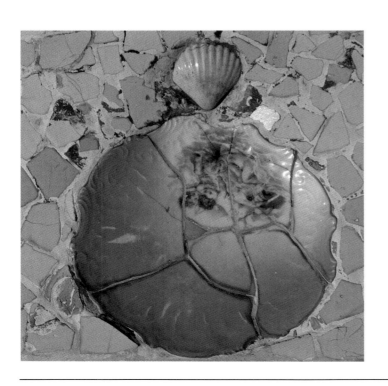

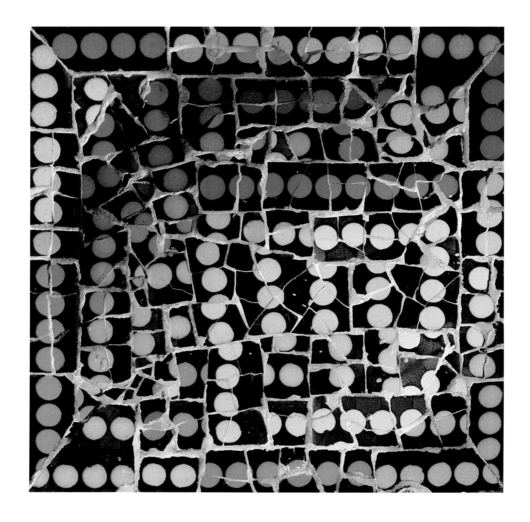

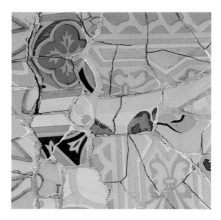

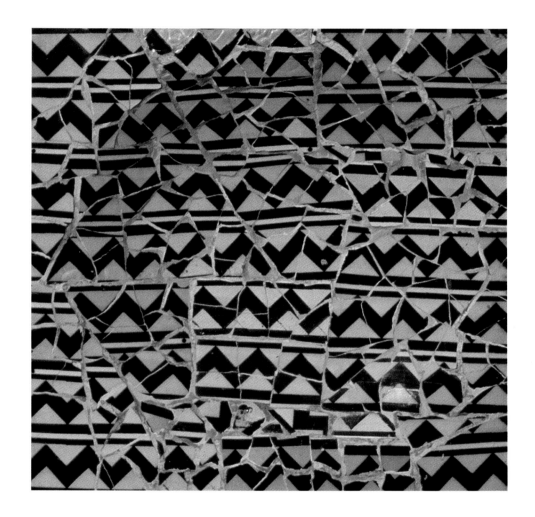

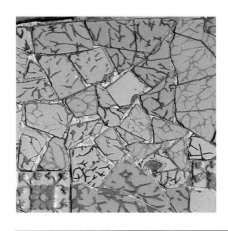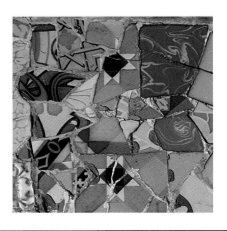

nas servían además como sistema de canalización del agua de lluvia, que Gaudí creó inspirándose en la naturaleza. El suelo de la plazoleta oculta una compleja estructura interior; es completamente llano de forma que el agua no puede correr en ninguna dirección, pero no está cementado para que así la lluvia se pueda filtrar. Bajo el suelo fueron realizados un sinnúmero de colectores, en forma de tubos seccionados con orificios en la parte inferior, que conducían el agua a las columnas, completamente huecas por dentro a pesar de su aspecto compacto. El que el agua fuese también filtrada en su camino hacia la cisterna, muestra hasta que punto el sentido práctico impregnaba la obra del artista.

No es de extrañar que la ciudad de Barcelona le concediera un premio por la Casa Calvet y no sólo atendiendo al aspecto puramente estético, sino por su labor en el terreno del alcantarillado y ventilación. Aparte de esto, interrumpió el orden simétrico de la columnata en algunos puntos para evitar que las columnas dieran la sensación de estar sobrecargadas. Las zonas libres fueron decoradas con grandes medallones cerámicos realizados por Jujol.

Con todo ello, aún no se habían agotado las sorpresas de este complejo funcional. La baranda que recorre el borde de la plaza no sirve únicamente para proteger a los curiosos transeúntes; Gaudí la concibió como un banco interminable, convirtiendo la enorme terraza en un centro de encuentro. El banco se curva alrededor de la plazoleta en interminables sinuosidades que, de este modo, da acogida a un gran contingente humano, favoreciendo al mismo tiempo la formación de pequeños grupos. La arquitectura orgánica dominaba esta etapa en el quehacer artístico de Gaudí, de ahí que el banco presente esta silueta tan peculiar; incluso para el diseño del respaldo se tuvo en cuenta la fisonomía del cuerpo humano. A fin de conseguir la forma precisa, hizo que un hombre desnudo se acomodara sobre un molde de escayola que después habría de retomar en el banco. Por muy abstracta que parezca la balaustrada, se encuentra directamente en contacto con la realidad natural y humana. Mediante el empleo de la «cerámica fragmentada» proveyó de cromatismo a este elemento, siendo quizá la expresión más exhuberante y artística de esta técnica. Mandó realizar un mosaico a base de azulejos multicolores fragmentados y trozos de cristal que incluso llegaría a sobrepasar la decoración de los tejados y muros. Era imposible que él mismo pudiera diseñar y organizar cada pieza del mosaico, de ahí que dejara paso al talento de sus trabajadores. Un crítico de arte basa esta teoría en la dirección de la decoración, de derecha a izquierda, que concuerda con el aumento progresivo de la calidad artística y la fantasía. En cualquier caso, se puede decir que esta obra se anticipa a las pinturas de Miró. Este recubrimiento cerámico sirve además, para impermeabilizar el banco y resulta muy higiénico.

A pesar de su colorido, el banco no desentona con el entorno, quizá debido a su línea orgánica que, al igual que el muro circundante, imita los contornos de la colina. La red de senderos también se trazó en armonía con la naturaleza; si el banco representaba la máxima expresión en la concepción de las superficies, la distribución de los paseos lo es en el terreno constructivo y estático, sirviendo de

Abajo y pág. 159: Gaudí se adaptó al entorno natural en la configuración de paseos y senderos. En lugar de allanar la pendiente, construyó numerosos caminos en forma de cavernas a base de columnas y muros de apoyo inclinados.

base para la realización de la Sagrada Familia. Para evitar la nivelación del terreno, dejó que estos paseos transcurrieran directamente al borde de la pendiente a través de soportales, consiguiendo de paso creaciones efectistas. Las columnas se hicieron de piedra, con lo que no producen ninguna perturbación óptica en el paisaje; los soportales crean una especie de cuevas que parecen crecer de la propia naturaleza. Estas columnas inclinadas, a pesar de su frágil aspecto, han demostrado ser extremadamente resistentes. Los soportales, concebidos para proteger de la lluvia o del sol, están provistos de bancos incrustados en el muro siguiendo los modelos naturales.

Gaudí creó con el parque Güell una lugar de recreo en una zona despoblada donde tuvo muy en cuenta la protección del paisaje, lo que podría convertirse en un buen ejemplo para nuestro tiempo. De ahí que la UNESCO lo nombrara en 1984 monumento artístico de protección internacional. Esta obra arquitectónica no sólo se adapta a la naturaleza, sino que parece nacer de ella, estableciendo una relación única entre ambas (a menudo se confunden las columnas con palmeras.)

El parque Güell se define, dentro de la obra de Gaudí, por su estrecho contacto con la naturaleza. En sus creaciones posteriores, Gaudí desarrollaría una segunda naturaleza paralela a la realidad.

Paseo de dos pisos (izda). Paseo con columnas inclinadas en forma de espiral (dcha).

Parte superior del paseo. Las columnas rematan en una especie de grandes floreros. Son un ejemplo significativo de cómo Gaudí, utilizando métodos artificiales, imitaba las formas de la naturaleza en su arquitectura.

Casa Batlló

1904–1906

Lo primero que llama la atención de los transeuntes son las poderosas columnas parecidas a las patas de un elefante. Un animal completamente distinto viene a la imaginación ante la vista del tejado: La línea quebrada recuerda la espina dorsal de un dinosaurio. Entre ambos se extiende la fachada plagada de balconcillos, graciosamente curvados, que parecen adherirse al muro como los nidos a las rocas. Una fachada que reluce con miles de colores gracias a los pequeños discos cerámicos, similares a las escamas de un pez. Cantos y esquinas desaparecen, el muro se ondula ofreciendo el mismo aspecto que la lisa piel de una serpiente acuática. Salvador Dalí alabaría en Gaudí las «blandas puertas de cuero». En la casa Batlló los muros exteriores son como de piel, suaves y moldeables. Ese sueño de naturalismo y flexibilidad se continúa también en el interior.

En ningún otro edificio se muestra la modernidad de la arquitectura de Gaudí tan patente como en este proyecto. Como otras veces a lo largo de su carrera, tampoco pudo construir la casa desde los cimientos, sino que se encontraba determinado por una obra precedente. Esto ya había conducido en el Colegio Teresiano a una transformación esencial mediante la introducción de elementos sustentantes propios, imprimiéndole además su sello distintivo mediante unas cuantas innovaciones técnicas.

En la casa del Passeig de Gràcia número 43, la situación era completamente distinta. El aspecto del edificio originario sólo puede conocerse a través de los dibujos de la planta y el alzado. Josep Batlló i Casanovas era un adinerado fabricante textil que quería renovar completamente su casa situada en este distinguido barrio barcelonés. Levantada en 1877 debía de haber sido uno de los edificios más convencionales y aburridos de la zona, dónde existían obras relativamente modernas. Conociendo la fama de Gaudí, se puede pensar que Batlló deseara sobrepasar la modernidad de las casas vecinas. Pere Milà, amigo del industrial, fue el que estableció el contacto con el artista, aunque Gaudí no debía haber sido un desconocido para Batlló, sus espectaculares creaciones — el Palacio Güell no estaba lejos del Passeig de Gràcia y el parque Güell — habían convertido al arquitecto en una de las personalidades más conocidas. Podríamos hacernos una idea del aspecto primitivo de la casa si tenemos en

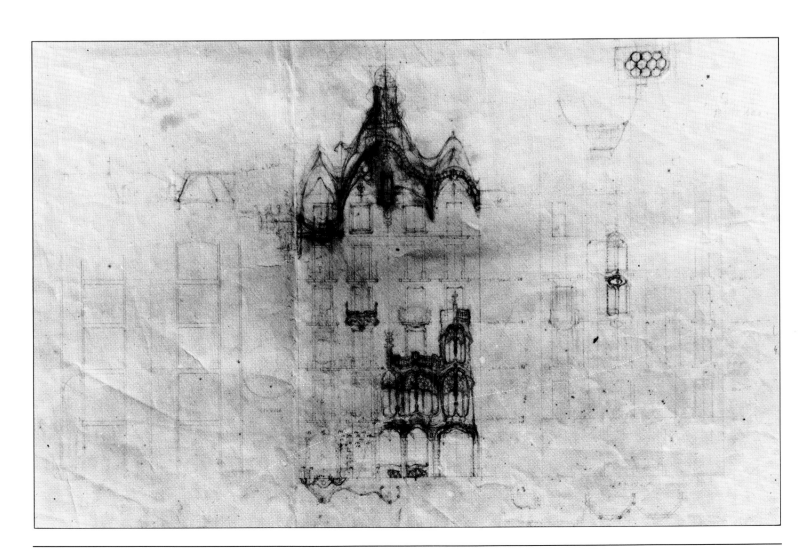

cuenta que, en 1901, Batlló solicita el permiso para derribarla y poder construir otra completamente nueva. No fue necesario llegar tan lejos; Gaudí no tenía necesidad de empezar desde cero y, además, conseguir algo completamente nuevo a través de una renovación también tenía su atractivo.

La casa se convirtió de hecho en una auténtica novedad, incluso para el propio Gaudí; se alejó por completo de la trayectoria seguida por la arquitectura de la época para crear una casa perteneciente al mundo de la fantasía, en el estricto sentido de la palabra. Como a lo largo de toda su carrera, se encontró con el inconveniente de un estrecho solar y, como también era habitual en él, consiguió con pocos elementos artísticos que la obra adquiriera un aspecto grandioso. Si en el Palacio Güell se había servido de las puertas de hierro para dar monumentalidad al edificio, aquí utilizará las grandes columnas que forman el soportal inferior.

Quizá sea esta arquitectura vanguardista una de las más chocantes de Gaudí que, al igual que en la casa Calvet, tampoco se preocupó demasiado por las quejas de los funcionarios. El conflicto con la burocracia se produjo en relación a la distribución espacial interior, al construirse un piso intermedio y dos habitaciones en la buhardilla que no habían sido trazados en el proyecto. Lo que, en principio, podría verse como un simple desacuerdo entre el arquitecto y las autoridades, tenía su origen en el sistema de trabajo seguido por Gaudí; sus

Arriba: Fachada de la planta baja y el primer piso (izda). Patio interior. La disminución de la luz hacia la parte inferior se tuvo en cuenta al elegir el color, progresivamente más suave a medida que se desciende, así como el diferente tamaño de las ventanas.

Pág. 167: Vestíbulo y escalera de la casa.

Pág. 168–169: Un representativo ejemplo de cómo Gaudí concebía el espacio interior. El techo y las paredes parecen estar modeladas, no hay ni líneas rectas ni superficies lisas.

obras eran el producto del propio proceso constructivo, lo que había determinado por completo la realización de la cripta en la Colonia Güell y habría de llevarse hasta sus últimas consecuencias en la Sagrada Familia.

Es posible que Gaudí ya hubiera previsto tener problemas burocráticos y por eso el proyecto sólo proporcionaba un esbozo general, pero ningún plano en concreto. Por otra parte, este tipo de proyecto era habitual en él; los de la cripta y la Sagrada Familia siguen en líneas generales el mismo estilo.

Gaudí tampoco tenía nada que ocultar, el fantástico vanguardismo de la obra sólo hace su aparición en la última fase constructiva. Al comparar el proyecto primitivo con el resultado final, nos damos cuenta de que Gaudí se atuvo de forma rigurosa al edificio precedente. La antigua casa tenía una estructura esencialmente rectangular, la planta se repetía en el alzado y la fachada estaba dominada por cuatro ventanas rectangulares alargadas en cada piso. El artista retomó esta distribución de los vanos, dotándolos de una nueva forma y recubrimiento, así como de caprichosos balcones similares a gotas de miel pegadas a las molduras; con ello se había transformado por completo el estilo de la casa. Las barandillas de hierro fundido, otro elemento extraño, se hallan integrados en los muros ondulados y el ornamento de la fachada. Desaparecen los ángulos y las líneas rectas, todo parece fluir, como si en la fachada se hubiera hecho uso

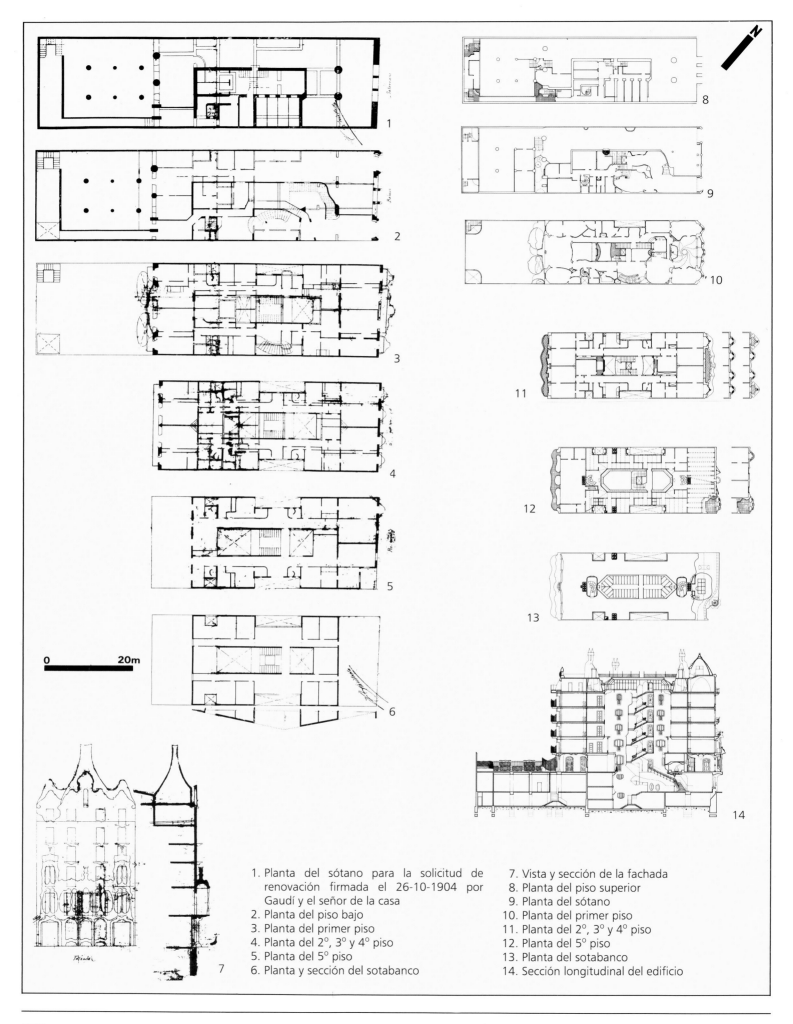

1. Planta del sótano para la solicitud de renovación firmada el 26-10-1904 por Gaudí y el señor de la casa
2. Planta del piso bajo
3. Planta del primer piso
4. Planta del 2°, 3° y 4° piso
5. Planta del 5° piso
6. Planta y sección del sotabanco
7. Vista y sección de la fachada
8. Planta del piso superior
9. Planta del sótano
10. Planta del primer piso
11. Planta del 2°, 3° y 4° piso
12. Planta del 5° piso
13. Planta del sotabanco
14. Sección longitudinal del edificio

de un extraño material. El ladrillo, que el artista dominaba a la perfección, no aparece ni siquiera en el terreno ornamental; la fachada se cubre con la piedra pulida de Montjuic, cuyo tono arenoso le da el aspecto de arcilla modelada. Esta imagen se acentúa mediante el tratamiento ondulado de las superficies. La obra parece más una casita de azúcar que de piedra, como colofón se salpicaron los muros con piedrecillas de mosaico, las cuales centellean a la luz del sol. A medida que se asciende, aumenta considerablemente el número de piedrecillas. El tejado está compuesto por tejas redondas de color rosa azulado y remata en una cresta ligeramente dentada.

Todo parece ser el producto de un cerebro que ha roto con toda tradición y que únicamente se deja llevar por sus sueños y visiones. Sin embargo, como en sus obras anteriores, Gaudí tuvo muy en cuenta las características del entorno. La silueta en zigzag del tejado se corresponde con el remate escalonado de la casa contigua. Incluso por lo que respecta a la altura se tuvo en cuenta a la vecindad; para ello se redujeron las dimensiones del sotabanco de modo que el tejado casi parece una cofia y la grácil torrecilla, una pluma de adorno. Esa misma torre se corona con la cruz, una de las marcas propias de Gaudí.

Las líneas onduladas se continuan en el interior, sobre todo en la vivienda principal, donde habría de residir el dueño de la casa. Las habitaciones nada tienen que ver con las de la arquitectura tradicio-

Pág. 171: Escalera desde el piso bajo al primero, donde se encontraba la vivienda de la familia Batlló. Aunque los muros a primera vista parecen recubiertos con un mosaico, en realidad han sido pintados.

172

nal, la concepción espacial que había sido esbozada en el parque Güell se lleva en esta obra hasta sus últimas consecuencias. A pesar de su aspecto fantástico — que se ha puesto en relación con el modernismo, si bien el artista sigue un camino personal — las formas se basan en una estructura relativamente sencilla. Al igual que en el edificio antiguo, planta y alzado se corresponden; así como las ventanas tienen el aspecto de protuberancias de un organismo vivo, de igual manera está la planta del edificio determinada por formas irregulares ordenadas como si fueran células orgánicas.

Pág. 174–175: Dos ejemplos de la fantástica configuración del tejado. A la izquierda, sobre el remate del tejado, se dispusieron alternadamente piezas cerámicas esféricas y cilíndricas, por lo que semeja la espalda de un temible dragón o dinosaurio (pág. 174). Gaudí adornó las torres de ventilación con fragmentos de azulejos (pág. 175).

Abajo: Puerta de la sala en el piso principal (izda). Puertas divisorias del mismo piso situadas entre la sala y el despacho (dcha).

Casa Milà

1906 – 1910

El pueblo estupefacto apodó a este edificio,
todavía sin parangón en el mundo entero, con el
sobrenombre de «la Pedrera». Se podría comparar
con un escarpado muro en el que algunas tribus
africanas hubieran escavado sus cuevas. La porosa
fachada ondulada nos recuerda la superficie
arenosa de la playa modelada por las olas. Ese
movimiento serpenteante que, como una línea,
agita todo el edificio y hace pensar en los panales
alveolados de las abejas. Con su última obra civil —
a partir de entonces se dedicaría por completo a la
Sagrada Familia — Gaudí estaba proponiendo una
paradoja: Un edificio naturalista y, al mismo
tiempo, una recapitulación de todas las formas a
través de las cuales se había hecho famoso. Sobre
el tejado la reprodución del banco del Parque Güell
y sus caprichosas chimeneas, cada vez más
imponentes.

Pág. 177: Para la fachada se utilizó piedra calcárea, primitivamente de color crema, ha ido perdiendo su color por causa de la contaminación.

Pág. 180–181: Vista general de la fachada de esta imponente casa en chaflán.

Abajo: La poderosa columna avanza sobre la acera como la pata de un elefante.

Gaudí ya había alcanzado con la casa Batlló el punto culminante de su carrera, y no es fácil imaginar una libertad mayor respecto a las formas tradicionales, un desarrollo más anárquico y grandioso de la fantasía. Con el parque Güell y la cripta de la colonia Güell, se había acercado tanto a la realidad que sus creaciones aparecían como una segunda naturaleza, como la reorganización artificial de formas y principios naturales. Esta trayectoria alcanza la sublimación en la casa Batlló; partiendo de elementos próximos a lo natural, se crean formas puramente artísticas que recuerdan las características de la naturaleza. Así, se ha comparado la fachada principal, y no sin razón, con la superficie del mar agitada por un temporal y las piezas de cerámica con las crestas de espuma. Gaudí no copiaba la naturaleza. También los muebles de la vivienda principal fueron diseñados siguiendo la fisiología humana, aunque no se emplearan formas corporales. Los tiempos en que los picaportes simulaban huesos habían terminado; a través de un profundo estudio de la naturaleza había asimilado por completo sus propias estructuras, podía jugar con ellas tal como lo había hecho con los elementos de diversos estilos en sus primeras obras. Ello es síntoma de que su fase de madurez había comenzado.

En lo que a variedad de ideas se refiere, la casa Milà no puede sobrepasar la profusión y riqueza de la casa Batlló; falta el fascinante tratamiento de los colores, el abundante empleo de la cerámica en sus distintas formas. En vano intentamos encontrar algo similar a la barandilla de la escalera interior que más bien parece la espina dorsal de un dinosaurio (motivo que se repite en el remate del tejado). Gaudí ya ha alcanzado la cumbre en este terreno y por tanto resulta difícil saber por qué aceptó el encargo de su amigo Pere Milà. Quizá fueron las dimensiones lo que le atrayeron, por primera vez no tenía necesidad de disimular el tamaño del edificio. Este se hallaba cerca de la casa Batlló, en la esquina entre el Passeig de Gràcia y la calle de Provença. La forma esquinada le obligaba a apartarse de la estructura utilizada en ocasiones anteriores; hasta entonces había dado especial importancia a la entrada (bien fuera mediante una galería como en el Palacio Güell, bien a través de una rica tribuna como en la Casa Calvet, bien enlazando una galería y un pórtico como en la Casa Batlló); en este caso, al tratarse de un bloque de viviendas, había más de una entrada. Para los grandes patios interiores incluso planeó, en un principio, rampas que permitirían el acceso al sótano inferior, aunque más tarde desistió de su plan. El solar, con más de 1000 metros cuadrados, constituía un auténtico reto para el artista. Se encontraba situado entre los bloques de las dos calles y, sin embargo, Gaudí confirió al edificio el aspecto de una casa aislada. Desvió la esquina haciéndola retroceder y sugirió una especie de rotonda; la casa se curva literalmente entre las dos calles. Organizó los grandes patios interiores como si se tratara de torres descomunales, con ello estaba aportando un elemento nuevo al paisaje arquitectónico de la ciudad. Gaudí sustituyó la planta geométrica, habitual en los patios de la época, por una forma de contornos redondeados que se ensanchaba al aumentar en altura; vistos desde el aire, ofrecen el aspecto de grandes embudos, como si absorbieran el aire y la luz. Gracias a los muros inclinados se consiguió una magnífica iluminación en todo el

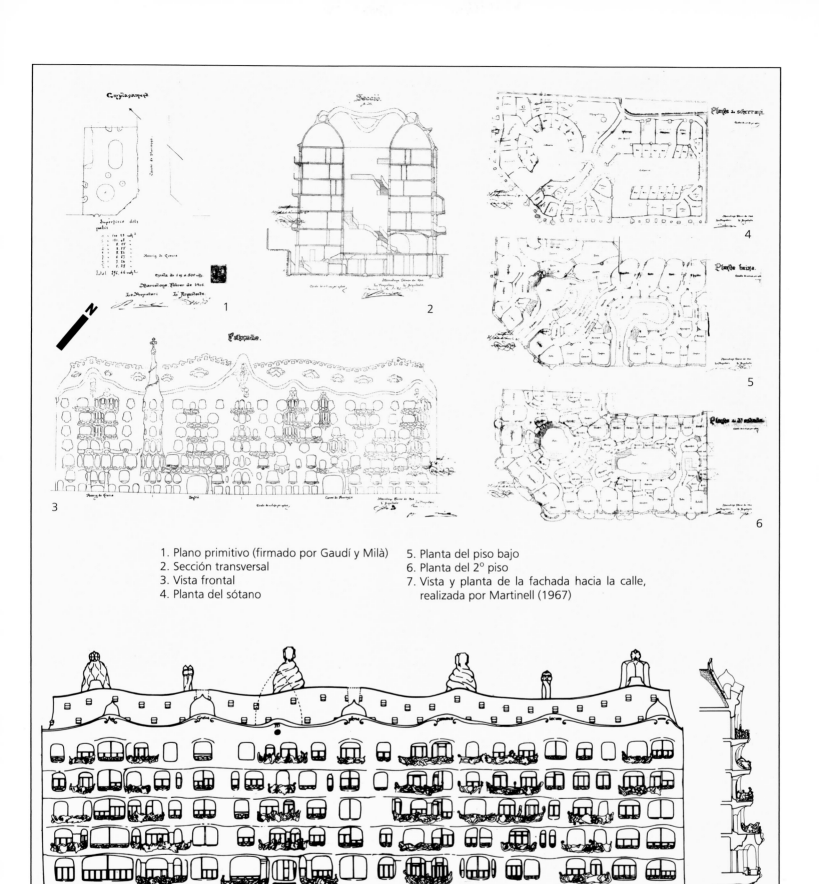

1. Plano primitivo (firmado por Gaudí y Milà)
2. Sección transversal
3. Vista frontal
4. Planta del sótano
5. Planta del piso bajo
6. Planta del 2° piso
7. Vista y planta de la fachada hacia la calle,
   realizada por Martinell (1967)

0   10m

Pág. 183: Vista del patio interior hacia arriba.
Abajo se pueden ver las columnas de la
entrada.

edificio. Todas esas ocurrencias tienen una finalidad práctica más que ornamental, otra diferencia con respecto a la casa Batlló. La importancia de la casa Milà reside en que constituye una síntesis de todos aquellos elementos que definen la época tardía del estilo gaudiniano. A esta síntesis pertenece, por supuesto, el choque con las instituciones públicas. El transeunte se encontraba con una columna que penetraba un metro en el ámbito de la acera; ya que su supresión se descartaba por completo, el municipio estaba dispuesto a permitirla, siempre que fuera seccionada la parte que sobresalía. Gaudí — en apariencia conciliador — aceptó de buena voluntad, pero con la única condición de que en ese lugar se colocara una placa explicando el motivo de la mutilación. Frente a esta posición, la ciudad retiró su protesta. La segunda confrontación sobrevino al sobrepasar el edificio la altura máxima permitida, lo que ya se preveía durante las obras; el artista venció frente a la administración y el sotabanco proyectado fue llevado a cabo según el plan original.

Un incidente en el transcurso de los trabajos hizo que Gaudí perdiera el interés por la casa y la dejara inacabada, si bien sólo restaban algunos detalles. El artista tenía pensado decorar la fachada con una serie de dedicatorias a la Virgen, incluso llegó a pensar en realizar un grupo escultórico compuesto por la Virgen, San Miguel y San Rafael, los dos Arcángeles. Las imágenes no se colocaron debido a que el modelo no gusto al señor Milá. Esta discusión con el cliente tuvo lugar en 1911. El artista no pudo imponer su voluntad y la relación con el señor de la casa se enfrió notablemente.

Quizá fuera mejor que Gaudí, cuya relación con la religión se había ido profundizando progresivamente y que cada vez con más frecuen-

Abajo: Puerta de hierro de la entrada hacia la
calle de Provença (izda). Escalera que conduce
desde el patio hacia el primer piso (dcha).

Pág. 185: Lo más notable en la concepción arquitectónica del sotabanco son los amplios arcos revestidos de yeso en 1955.

Pág. 186–187: Salida de la escalera y las caprichosas chimeneas situadas sobre el tejado.

Abajo: La Casa Milà dejó tan estupefactos a los contemporáneos de Gaudí que fue motivo de numerosas caricaturas y sátiras.

cia integraba elementos religiosos en sus construcciones, no incluyera esas figuras en la casa que, por otra parte, habrían de ser más apropiadas para la Sagrada Familia. Sin esas esculturas, la fachada parece de una sola pieza. En el recubrimiento exterior de los muros se limitó al color natural de la piedra, las superficies parecen seguir un plan determinado con exactitud; la ondulada silueta asimétrica sugiere la impresión de ser algo de origen natural. Ésto ha sugerido a críticos y observadores numerosas comparaciones en su mayoría desatinadas. El pueblo, inspirándose en su color y aspecto, la apodó con el sobrenombre de la «Pedrera». Si se observa desde arriba podría asociarse con la superficie ondulada del mar, pero las curvas son demasiado simples y armoniosas. La casa Milà no puede ser comparada con nada, a lo sumo con alguna obra de Gaudí; se puede establecer cierto paralelismo entre el banco del parque Güell y la línea ondulada del tejado que, a su vez, se corresponde con el contorno de los pisos inferiores.

Nada es uniforme en este edificio, las plantas de los diferentes pisos no se parecen. Una estructura espacial tan variada sólo era posible gracias a la desaparición de los muros de apoyo que Gaudí ya había probado en obras anteriores. En la casa Milà desaparecen por completo, todo descansa sobre columnas y soportes. Las habitaciones presentan, además, alturas diferentes que se corresponden con la forma ondulada de la fachada.

El conjunto se acerca, más que a una casa, a una gigantesca escultura de arcilla modelada con las manos. Esta obra no puede ser comprendida si se compara con las formas naturales, sino que sería necesario establecer una serie de asociaciones formales, ya que es la configuración plástica lo que define el edificio. «Las formas de esta extraña casa parecen estar impulsadas desde el interior, distendidas, retorcidas y finalmente fundidas en una unidad. Interior y exterior, cóncavo y convexo, totalidad y parte, muro y techo forman un conjunto inseparable que se agita bajo el mismo ritmo. Lo que habitualmente se define como fachada se convierte en una superficie ondulada, en agujero lo que normalmente es una ventana, y lo que hasta ese momento había sido tejado, toma el aspecto de un paisaje en movimiento.» (Josef Wiedemann)

La armoniosa variedad de la fachada tiene su correspondencia en el interior, desaparece la línea recta, todo adquiere un carácter escultórico. Un juego de luces y sombras se establece en las curvaturas y sinuosidades. La casa entera está llena de sorpresas. Incluso las reminiscencias del Colegio Teresiano en los arqueados muros blancos que soportan las viviendas del piso superior, siguen una continuidad. Los numerosos ventiladeros y chimeneas del tejado configuran un extraño paisaje de esculturas surrealistas cuyas formas se repetirán mucho más tarde en la historia de la escultura.

La Casa Milà permanecerá en el terreno arquitectónico como un ejemplo único. Fue incomprendida durante mucho tiempo siendo objeto de numerosas parodias y sátiras; a pesar de todo, la ironía no es más que una prueba de la fascinación que esta obra ejerció sobre sus contemporáneos. Este atractivo residía desgraciadamente en detalles externos, olvidando por completo que Gaudí se había

Chimeneas de las formas más diversas, es en ellas donde con más claridad se muestra la personalidad del estilo gaudiniano.

basado en reflexiones prácticas que habrían de constituir una anticipación del futuro, como el preludio del garaje subterráneo en los sótanos.

La Sagrada Familia

1883–1926

Si los montones de piedras, los andamios y las
gigantescas grúas no pertenecieran al aspecto
permanente de la iglesia, nos parecería estar ante
el portal principal de la casa de Dios. Mirado desde
el este, el imponente edificio parece estar
concluido — una iglesia dentro del espíritu gótico y,
al mismo tiempo, una obra de nuestro siglo. Hace
más de 100 años que Gaudí se encargó de la
dirección de las obras y ahora, decenios después
de su muerte, todavía no se ha levantado nada
más que una insinuación de los muros exteriores.
El portal principal no tardará mucho en ser
terminado. La fachada ni siquiera se ha
comenzado. Si alguna vez llega a ser concluida del
todo, debería sobrepasar todas las dimensiones
conocidas, y la primera misa que en ella se oficie
resonará como el eco de las huestes celestiales:
1500 cantores tienen sitio en el coro, 700 niños y 5
órganos.

Es casi imposible encontrar en toda la historia del arte un paralelismo con la construcción de esta iglesia. Al hablar de un artista, lo normal es citar una obra a modo de culminación; en Gaudí esto resulta imposible, ya que la Sagrada Familia, su obra maestra, le habría de ocupar durante toda su vida. Nadie, y mucho menos el propio artista, había contado con ello, cuando en noviembre de 1883, a la edad de 31 años, aceptara la dirección de las obras. Durante mucho tiempo el artista pareció lleno de optimismo en cuanto a la conclusión de la iglesia; todavía en 1886 creía poder concluir la Sagrada Familia en diez años, siempre que pudiera contar con 360.000 ptas. anuales. La financiación de la iglesia tampoco estaba clara del todo, se trataba de un templo expiatorio que había de construirse principalmente a base de donativos; esto llevó, durante el transcurso de la primera Guerra Mundial, a un considerable retraso, el propio Gaudí iría de puerta en puerta recogiendo dinero.

El hecho de que la iglesia todavía no estuviera terminada en 1906 — las obras se encontraban en la construcción de una de las tres fachadas — se debe únicamente al modo de construir seguido por Gaudí. Aceptó la dirección de la obra por intereses profesionales, era su primer gran proyecto; a pesar de su escepticismo frente a la iglesia, hacía tiempo que había tomado interés por las construcciones de tipo religioso. Escéptica era también su posición frente a los planes preliminares de Villar. Cuando Gaudí se hace cargo de la obra, ya estaba concluida la cripta situada bajo el ábside cuyas columnas alcanzaban una altura considerable. El artista hubiera preferido darle otra orientación el eje del edificio que ya estaba fijado con las partes construidas.

Tampoco le agradaron las columnas diseñadas por Villar, pero, si durante un tiempo tuvo la intención de agregar otras, se abstuvo de realizar modificaciones para no desatar una competencia sin sentido entre las columnas. Hizo una zanja alrededor y abrió ventanas en los muros debajo de las bóvedas, la estancia gana en luminosidad y no resulta tan aplastante como en el proyecto de Villar; de esta forma, la cripta adquiere la firma inconfundible de Gaudí.

Su labor comienza con el ábside donde el gótico sigue siendo válido como fuente de inspiración, pero liberado de toda profusión de formas. Permanece la línea gótica de las ventanas, si bien se aligeran con una serie de elementos circulares. Siete capillas se disponen en forma de abanico alrededor del altar, convirtiéndose de este modo en el foco de atención. Al mismo tiempo se libera de la excesiva decoración, habitual desde hacía siglos, que en algunas iglesias incluso había llegado a ocultar el altar. Gaudí tuvo muy en cuenta las funciones religiosas de la iglesia; durante los trabajos en la Sagrada Familia estudió, además de la arquitectura religiosa, la propia liturgia de la misa.

No fue sólo la deferencia con respecto a las construcciones preexistentes lo que demoró las obras; la verdadera causa residía en la propia forma de proceder del artista, quien más que trabajar según un plan prefijado, desarrollaba sus creaciones durante el transcurso de las obras. La Sagrada Familia es la obra que más claramente ilustra este método; resulta significativo que los primeros esbozos no ofrez-

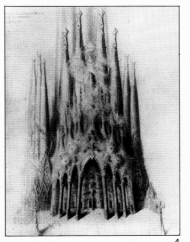

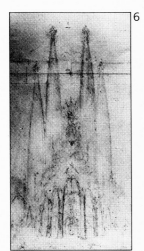

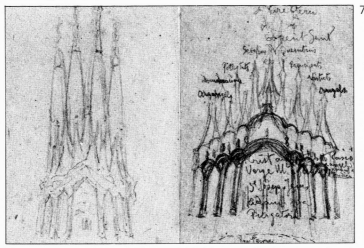

1. Vista general de la catedral (bosquejo de Gaudí)
2. Vista general de la catedral (dibujo de Rubió)
3. y 4. Dibujos de la fachada (Matamala)
5. Vista general (Matamala)
6. y 7. Esbozos de la fachada (posiblemente realizados por Gaudí)

Pág. 196–197: Diferentes grupos de figuras: la Coronación de la Virgen y los ángeles tocando las trompetas, en la fachada del Nacimiento.

can ningún dato propiamente técnico, sino que más bien dan tan sólo una impresión general del conjunto.

Un ejemplo de esta manera de construir, basada en la perpétua incorporación de nuevos elementos, es la configuración, o mejor dicho, el desarrollo de las torres que llegarían a convertirse en emblema de la iglesia y quizá de Barcelona. El proyecto tenía previstas 18 torres-campanario, los 12 apóstoles, los 4 evangelistas, la Virgen y Jesucristo. En principio presentaban una planta cuadrada, pero pronto se vió que habrían de sobresalir apuntadas sobre los portales, ante lo cual Gaudí se decide por transformarlas y adoptar la forma redonda. El resultado fue fascinante, las torres se reducen a medida que crecen en altura; no tienen, sin embargo, nada en común con los pináculos góticos; más bien hacen uso de las formas utilizadas con éxito por primera vez en el Colegio Teresiano. Se conciben como una torsión parabólica que impele la estructura de la fachada hacia lo alto. Los portales apuntados presentan el mismo aspecto que las catedrales góticas, si bien han sido aligeradas, igual que las ventanas del ábside, mediante elementos circulares. Las ventanas que perforan las torres se ordenan en forma de espiral, impulsando al espectador hacia las alturas. Gaudí coronó las torres con remates redondeados a modo de capitel que frenan el impulso ascendente. Vistos desde lejos casi parecen una mitra episcopal; de hecho se pretendía aludir a los doce apóstoles y con ello a la historia del cristianismo, los obispos son los herederos de los apóstoles y de ahí que las torres se rematen con los símbolos episcopales: el báculo, a y el anillo.

Esta es una de las características de la iglesia, los propios elementos arquitectónicos, torres y portales, cumplen además una función simbólica, quizá todavía de mayor importancia para el artista. La utilización de escenas bíblicas a modo de ilustraciones en una catedral, no era algo nuevo en la historia del arte; pero la originalidad de la Sagrada Familia residía en la expresión formal que las mismas tomaron. El proyecto de Gaudí no era sólo una iglesia, el centro de reunión para honrar a Dios, sino más bien un catecismo en piedra, un libro descomunal, prueba de la cada vez más acusada tendencia del artista hacia el simbolismo. Las doce torres eran un simple ejemplo que hacía alusión a un monumento de estructura centralizada; la iglesia estaba concebida como el cuerpo místico de Cristo y el centro, representado por el altar, como el mismo Jesucristo. Cristo es además la cabeza de ese cuerpo, simbolizado por la torre principal, que con una gran cruz en la punta remite al Redentor. Las doce torres que coronan las fachadas hacen referencia a toda la Cristiandad, representada a través de los doce apóstoles.

Naturalmente hay que hacer uso de la propia fantasía para ver todos estos motivos, el propio Gaudí no llegó a completar el ábside y la fachada este, con la que se inició la obra, también permaneció inacabada. A la muerte del arquitecto sólo se habían llegado a construir tres torres de la citada fachada, la única que el artista pudo completar casi en su totalidad. Del resto del edificio sólo conservamos planos y un modelo de yeso que además resultó muy dañado por causa de un incendio durante la Guerra Civil y que hubo de recons-

Abajo: Estado de las obras en los años 1889, 1895 y 1899 (de arriba a abajo).

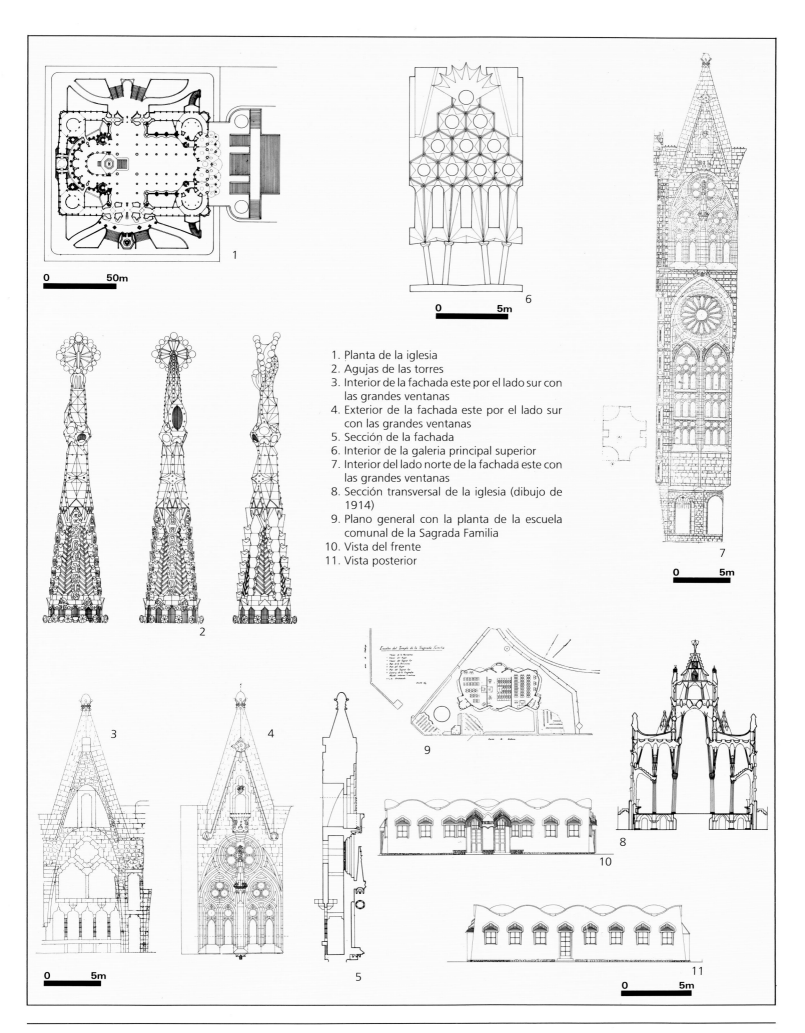

1. Planta de la iglesia
2. Agujas de las torres
3. Interior de la fachada este por el lado sur con las grandes ventanas
4. Exterior de la fachada este por el lado sur con las grandes ventanas
5. Sección de la fachada
6. Interior de la galeria principal superior
7. Interior del lado norte de la fachada este con las grandes ventanas
8. Sección transversal de la iglesia (dibujo de 1914)
9. Plano general con la planta de la escuela comunal de la Sagrada Familia
10. Vista del frente
11. Vista posterior

Representación en el Portal del Amor: Coronación de la Virgen (izda). Ángeles sin alas tocando las trompetas. Gaudí no quiso dotar a los ángeles de alas porque quería representar su naturaleza de otro modo, ya que pensaba que aún con esas alas no hubieran podido volar.

truirse posteriormente. La organización de las fachadas es lo que determina esencialmente la concepción de Gaudí, cada una de ellas se dedica a un aspecto de la vida de Jesús. Cristo aparece en representaciones, alusiones simbólicas y realistas como hombre en la tierra, redentor de la humanidad o juez sobre los vivos y los muertos en el Día del Juicio Final; pero Gaudí sólo pudo llevar a cabo las representaciones de su vida terrenal.

Debido a razones temáticas, la obra se comienza con la fachada este, llamada «Fachada de la Natividad». Amigos y consejeros intentaron convencer a Gaudí de que comenzara con la fachada oeste, la cual había atraído la atención del público más que el lado este, vuelto de espaldas hacia la ciudad. La fachada oeste, según los planes del artista, estaba dedicada a la Pasión de Cristo y Gaudí pensaba que empezar con ella habría de ahuyentar bruscamente al pueblo; es posible que con ello tuviera razón. De acuerdo con el trágico tema, había que prescindir de cualquier ornamentación, dominaban las formas rudas y desapacibles. En cambio, para ilustrar la vida de Cristo, podía elegir escenas de fácil comprensión como «La huida a Egipto», concebida como símbolo de la esperanza en el futuro, o San Juan Bautista con su profecía o Jesús predicando ante los doctores de la ley. Todos estos pasajes se representan de forma muy sencilla, casi ingenua, ocupando numerosos nichos como si fuera un Auto de Navidad. En el centro de la fachada se sitúa el más grande de los

portales, «El Portal del Amor», con la escena del Nacimiento y un pelícano, símbolo del amor. A la izquierda se encuentra «El Portal de la Esperanza», con los acontecimientos más tristes de la infancia de Cristo: La degollación de los inocentes y la huida a Egipto. Y, por último, «El Portal de la Fe» con las correspondientes escenas de la Biblia, por ejemplo la Anunciación. La disposición de estos motivos en la fachada este se debe a razones puramente simbólicas; «ex oriente lux», la luz, y con ella la salvación, nace en oriente. Las escenas de la Pasión se sitúan, por el contrario, en la fachada oeste, hacia el poniente. La luz, que había jugado un papel importantísimo en todas las obras de Gaudí, adquiere aquí una importancia simbólica todavía mayor; será la que determine no sólo la distribución escultórica de los portales, sino también la iluminación del edificio. Se había planeado que la torre principal, símbolo de Cristo, estuviera iluminada por la noche con grandes reflectores situados en las 12 «Torres de los Apóstoles». Al mismo tiempo, un gran foco desde la cruz colocada en el vértice de la torre principal, habría de derramar su luz sobre la ciudad, iluminar a la humanidad, para ilustrar de este modo las palabras de Cristo: «Yo soy la luz».

La distribución cromática responde también a una simbología; por ejemplo, se había pensado pintar «El Portal de la Esperanza» en verde. La fachada este, con temas más alegres, tenía que ofrecer un aspecto multicolor en tonos claros; mientras que en la fachada de la

Representación de la Anunciación en el Portal del Amor (izda). La Matanza de los Inocentes en el Portal de la Esperanza (dcha).

Pasión estaba previsto utilizar colores sombríos. Gaudí odiaba la monocromía por considerarla innatural; la naturaleza nunca es monócroma o uniforme, decía a menudo, sino que siempre ofrece un contraste de colores. Para un artista como él, que a lo largo de su vida había ido adoptando a la naturaleza como maestra, se le presentaba el gran reto de configurar una obra arquitectónica en color. Este cromatismo quedó reducido, por lo menos provisionalmente, a un sueño del futuro.

Otro sueño sin realizar fue la «Fachada de la Gloria», quizá la más importante de todas, a la que se accedería mediante una escalinata. El tema de la misma: La muerte y el infierno, el Pecado Original y las desgracias que trajo consigo, hasta culminar en el Credo, primer paso hacia la Redención. El Credo no adquiere la forma de escenas, como ya es habitual en Gaudí, sino que se representa mediante letras que habrían de centellear entre las torres de la iglesia. Parte de las mismas se pueden ver hoy día en las zonas concluidas del edificio; «Sanctus, Sanctus, Sanctus», leemos en la torre de la fachada este, entre los vanos que ascienden en forma de espiral, como símbolo del júbilo ante la Ascensión a los cielos. Gaudí gustaba de introducir letras o palabras en sus obras, como por ejemplo en el Parque Güell; pero en la Sagrada Familia van adoptar una función simbólica y aludir al mensaje esencial del edificio que es algo más que un templo. En el terreno formal hay que hablar de un monumento arquitectónico similar a una obra plástica, a menudo no sabemos dónde empieza y dónde termina la escultura. Similar al caso de la casa Milà, la fachada no da la impresión de estar construida en piedra; más bien parece como si un alfarero, utilizando yeso o arcilla, hubiese moldeado la ornamentación que encuadra las escenas bíblicas.

Las letras imprimen un énfasis mayor al mensaje. Una y otra vez aparecen los anagramas de Jesús, María y José adornando las ventanas del ábside. A diferencia de la mayoría de las representaciones bíblicas, San José adquiere una posición destacada en esta obra; al fin y al cabo su construcción había sido promovida por la «Congregación de los Devotos de San José». A él está dedicada la cripta de la capilla principal, su imagen se encuentra también en la fachada

Abajo: Escultura de un caracol (izda). Una tortuga sirve de base a una columna situada al lado del Portal del Amor (dcha).

Pág. 205: En esta escena del Portal de la Fe aparece Jesús como carpintero en primer plano.

Pág. 206–207: Torre del ábside y altar provisional. La cripta subterránea se ha concluido por completo.

principal y a menudo encontramos la figura de la abeja, símbolo del celo en el trabajo. Existen, sin embargo, alusiones todavía más claras a la exaltación que San José experimenta en esta iglesia; una y otra vez aparecen esculpidas sus herramientas, en una escena se representa a Jesús practicando el oficio de su «padre adoptivo» con el escoplo en la mano. En la representación de Jesús ante los doctores, María y José buscan al Niño; pero es José el que dirige la búsqueda y no María como era lo habitual. Por último, adquiere el papel del santo protector de la iglesia, timonel que dirige seguro la nave (iglesia) a través de todos los peligros.

A pesar de todos estos elementos y referencias simbólicas que convierten la iglesia — por lo menos la fachada — en un «cuadro» de gran fuerza expresiva, no hay que olvidar el aspecto puramente arquitectónico. La suntuosa configuración de la fachada este desvía ligeramente la atención de la imponente obra constructiva que Gaudí llevó a cabo con la Sagrada Familia. El edificio muestra tanto sus raíces tradicionales, como su estilo propio. La planta sigue, en esencia, los grandes ejemplos del gótico: Tenía la planta de una basílica de cinco naves con un crucero compuesto por tres naves (los tres portales al este y al oeste dan acceso a las naves del crucero). El plan seguía la forma de una cruz con una nave de 95 m. de largo y un crucero de 60 m. En líneas generales se corresponde con la organización de la catedral de Colonia, sobre la que Gaudí siempre había expresado su impresión positiva. Por supuesto que, en una obra de semejantes dimensiones, los problemas constructivos habrían de hacerse patentes. Mientras que la catedral de Colonia hace uso de gigantescos arbotantes y pilares, esas «muletas» que Gaudí condenaba en el gótico, la realización de la Sagrada Familia se llevará a cabo

Abajo: Representación de la Huida a Egipto en el Portal de la Esperanza, una obra de Lorenzo Matamala (izda). Relieve escultórico al lado del Portal del Amor, en ella aparecen animales domésticos y plantas de Tierra Santa (dcha).

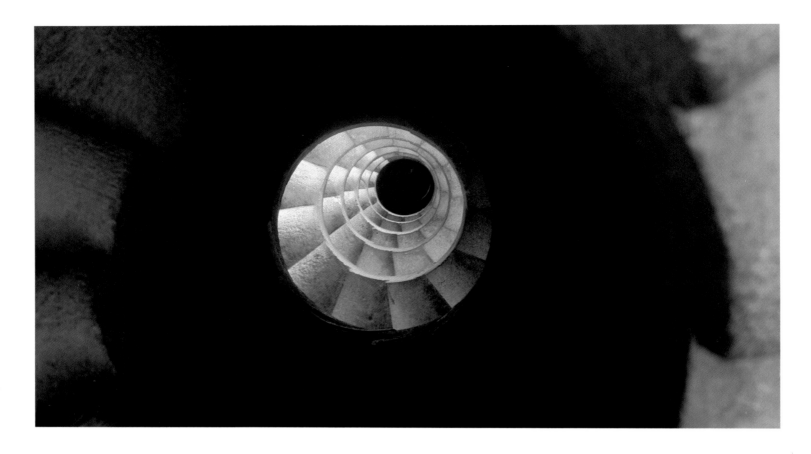

Vista hacia arriba de la escalera de caracol en el interior de la torre. En el centro se dejó un espacio libre para la colocación de una campana cilíndrica.

sin la ayuda de las mismas. Esta obra es el mejor ejemplo de la gran innovación descubierta por el arquitecto, la combinación de pilares inclinados y arcos parabólicos que pueden soportar incluso el peso de grandes bóvedas. Gaudí ya había probado a pequeña escala la solidez de este sistema, en el Colegio Teresiano, en el picadero de la finca Güell, así como en su primer trabajo para la Cooperativa Mataronense. En la Sagrada Familia se combina este principio constructivo con los conocimientos extraídos de la naturaleza a lo largo de su carrera. El eucalipto fue su modelo en lo que se refiere a la resistencia, no es de extrañar que la nave principal casi parezca un bosque de columnas. Las columnas inclinadas dan la impresión de no poder soportar el peso y, sin embargo, todas las obras de Gaudí han demostrado sobradamente su perdurabilidad.

Esta caprichosa creación presenta, además, un asombroso efecto secundario; las naves adquieren un aspecto casi etéreo, las columnas parecen no tener que soportar ningún peso. El propio Gaudí afirmó que su obra suponía la supresión de la clásica antinomia entre cargas y apoyos. Una columna de la fachada ilustra con toda claridad esta formulación teórica: dos grandes tortugas forman la base de la misma, el fuste de la columna parece crecer de sus caparazones cuando, en realidad, debería aplastarlas bajo su peso. Raras veces es posible encontrar una teoría arquitectónica como ésta puesta en práctica hasta sus últimas consecuencias.

La labor de Gaudí como constructor ha suscitado, sin embargo, cierto escepticismo. Ningún arquitecto se ha ocupado tanto de los trabajos surgidos en una obra a lo largo de su realización; incluso al final de su vida se trasladaría al estudio situado en el mismo edificio. Se le podía encontrar por todas partes, se preocupaba de cualquier problema, por pequeño que fuera, y lo solucionaba con el mismo éxito con que hacía frente a los grandes problemas. Aunque nos legó algunos modelos en los que se reflejaba el aspecto final que la iglesia habría de tener, resulta dudoso que la obra se pueda concluir sin su ayuda.

Su propio amigo, César Martinell, expreso no sin humor su opinión respecto al problema: La iglesia se califica de obra inacabada, pero esta designación es más que optimista, ya que Gaudí no llegó a terminar ni tan solo una fachada. Su conclusión ni siquiera se puede vislumbrar en el horizonte.

Con estas declaraciones no había exagerado lo más mínimo y la continuación de los trabajos tras la muerte del artista dan fe de ello. En la actualidad se encuentra terminada la fachada este, pero todavía falta mucho para que se pueda hablar de una iglesia. Entretanto, la fachada oeste también ha ido cobrado forma según los planes y modelos de Gaudí; sin embargo, su construcción se ha dilatado a lo largo de los últimos tres decenios. Una y otra vez se van consagrando pequeñas partes de la iglesia. Por todo ello cabe preguntarse si en realidad se pueden continuar los trabajos. La iglesia contó, ya desde un principio, con suficientes críticos, pero en aquellos tiempos Gaudí tenía en su imaginación la obra terminada y podía defenderla personalmente. No sólo los elevados costes (ya en 1914 había exigido más de tres millones de pesetas) eran un argumento contra la prosecución de las obras, sino también el hecho de que muchas de las creaciones de Gaudí hubieran quedado incompletas, lo que por otra parte casi llegó a constituir una característica del arquitecto. Una frase del propio artista contradice esta opinión; según ella, la Sagrada Familia habría de ser la primera de una serie de nuevas catedrales. Con ello

Pág. 210–211: Cara interior de la fachada este (pág. 210). Parte superior de las torres de la misma fachada con la inscripción «Hosanna in Excelsis» (pág. 211 arriba a la izquierda). Interior de la fachada este (pág. 211 arriba a la derecha). Vista desde abajo de la fachada este (pág. 211 abajo).

La escalera de caracol de la torre vista desde arriba.

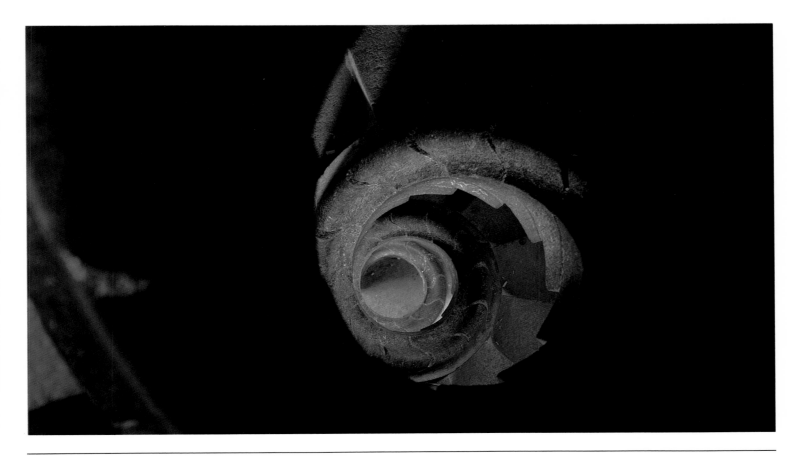

Remates de las torres, un ejemplo de la enorme fantasía de Gaudí en la concepción de las formas.

queda la posteridad en la obligación de continuar la obra, sin hablar del hecho de que la Sagrada Familia se haya convertido ya en uno de los símbolos dè Barcelona. Los habitantes de la ciudad se identifica-ron con «su» iglesia desde el mismo momento en que las torres fueron tomando forma y altura. No hay que olvidar que las torres habrían de sobresalir del horizonte urbano, las dos centrales llegaron a alcanzar una altura de 100 m. y la principal habría de alcanzar 170 m. Con esta obra, Gaudí se inserta en la tradición de las grandes catedrales medievales, resultado no sólo de la labor de un arquitecto, sino de varias generaciones. Gaudí ha legado a su ciudad un gran testamento, pero que no está libre de problemas.

El estado inacabado de la iglesia ha permitido, por otro lado, que se hayan podido conservar otras pequeñas obras maestras del artista. La Sagrada Familia se había concebido como el centro de un complejo, talleres y, sobre todo, escuelas debían rodearla. De entre ellas una escuela comunal fue concluida por completo; Gaudí había decidido

derribarla tan pronto como se necesitara espacio para la iglesia. La permanencia de la escuela muestra, con toda claridad, el estadio que las obras alcanzaron.

A pesar de su modesta apariencia exterior, que recuerda ligeramente a la fachada y el tejado de la casa Milà, no está libre de cierto atractivo. Desde el punto de vista estético las superficies también presentan un aspecto ondulado de carácter orgánico; pero además ofrece interesantes soluciones de tipo práctico. Gaudí empleó en su construcción uno de sus materiales preferidos, el ladrillo. A través de la silueta ondulada, la fachada adquiere una gran resistencia, lo mismo que las curvas sinuosas del tejado. Le Corbusier se sintió tan impresionado por la escuela, que hizo un esbozo de la misma. El edificio se divide en tres estancias mediante dos muros interiores sin ninguna función constructiva, de forma que se puede transformar la posición de los paredes sin demasiado esfuerzo. El funcionalismo convierte esta sencilla construcción en una pequeña obra maestra.

La parte superior del Portal del Amor representa un ciprés. Este árbol, por su resistente madera y sus ramas siempre verdes, es el símbolo de la Gloria Eterna (izda). Extremo superior de la torre de la fachada este (dcha).

Pág. 214–215: Edificio de la escuela anexa a la Sagrada Familia.

Obras menores

Pág. 217: (De izquierda a derecha y de arriba a abajo). Puerta de la finca Miralles, Catedral de Palma, Palacio episcopal de Astorga, Casa de los Botines, anteproyecto para un hotel en Nueva York, Bodegas Güell.

Abajo: Puerta de entrada a la Finca Miralles en el Passeig de Manuel Girona.

La finca Miralles

Al mismo tiempo que construía su primera gran casa — la Casa Calvet—, Gaudí aceptó otros encargos de menor importancia. De entre ellos, sólo tiene interés la puerta para la casa que su amigo Hermenegildo Miralles tenía planeada. Esta puerta ofrece un curioso contraste con la austeridad de la casa Calvet y remite ya al universo formal que el artista habría de desarrollar en sus últimas obras, sobre todo en las casas Batlló y Milà.

Al acercarnos a esta extraña forma — no se puede calificar de otra manera — nos preguntamos instintivamente como es posible que se mantenga en pie. Como una concha caprichosa, se eleva el muro

Muro de entrada a la Finca Miralles. El remate del mismo recuerda los movimientos sinuosos de una serpiente acuática.

curvándose en numerosos pliegues y torsiones. El contorno externo de la puerta sigue la forma de un arco, pero ya desde el comienzo se curva y repliega igual que si tuviera vida propia. En un lado configura algo similar a una columna en la que habría de insertarse el escudo de Cataluña, junto a ella, una verja con barrotes de hierro. Esta obra podría haber surgido años más tarde de la imaginación de un Dalí; no es extraño encontrar antecedentes del surrealismo en la obra de Gaudí. Pero como si quisiera ocultar su desbordante fantasía, construyó sobre la original puerta un tejadillo de piedra a dos aguas. Esta marquesina triangular, si bien representa una excepción en cuanto a la forma dentro de las creaciones del artista, goza de la resistencia propia de sus obras. Gaudí se adelantaba con ella a su propio desarrollo artístico, se podría imaginar perfectamente como entrada a la casa Milà. Originalmente estaba proyectada para ser incorporada al muro que rodea la finca; en la actualidad se encuentra aislada dentro de una zona recientemente construida y en plena expansión.

Obispo Campins i Barceló, que habría de encomendarle el encargo de la restauración de la catedral.

La Catedral de Palma

Gaudí había conocido en 1899 al relativamente joven obispo de Palma de Mallorca, Campins i Barceló, en las obras de la Sagrada Familia. Conversaron durante tres horas y el prelado se sintió fascinado, más que por las aptitudes arquitectónicas del artista, por sus inmensos conocimientos sobre la liturgia eclesiástica, resultado de sus largas tertulias con el obispo de Astorga. Campins tenía grandes proyectos; quería transformar el interior de la catedral, o mejor dicho, liberarla de algunas transformaciones que se habían llevado a cabo a lo largo de los siglos, en definitiva, quería devolverle su carácter primitivo. Cuando algunos años más tarde, al realizar un viaje para visitar ciertas iglesias góticas, volviera a encontrar a Gaudí, le pondría al corriente de sus planes; Campins contaba ya con la aprobación del Cabildo Catedralicio.

Gaudí debe haberse sentido fascinado enseguida por el proyecto, pues presuponía un reto considerable. En esencia comprendía la reestructuración de toda la nave central. La sillería del coro se encontraba, en contra de la tradición gótica, en el centro de la iglesia, si bien la catedral de Palma era una obra maestra del gótico catalán. No se hubiera podido elegir un experto mejor, aunque las experiencias desagradables vividas con el cabildo de Astorga habrían de repetirse también en Palma. En 1903 el arquitecto marcha a Palma para estudiar el lugar y ya proyecta una serie completa de planos; en el centro estaba el trasbase del coro desde la nave central al presbiterio, al lado del altar. Esta idea, que correspondía con los ejemplos históricos, no era una tarea fácil aun cuando pudiera contar con un precedente similar en los trabajos realizados en la iglesia de Santa María del Mar a fines del siglo XVIII. Su trabajo no sólo consistía en despejar la nave central, sino que ésta debía quedar libre por completo para los feligreses. Con el traspaso de un elemento arquitectónico tan destacado y fundamental se transformaba radicalmente la composición del espacio interior. Gaudí ensanchó el presbiterio hacia adelante; al mismo tiempo, intentó ampliar la sensación espacial cubriendo las paredes del ábside con brillantes azulejos metálicos. El caso de Astorga se repitió casi de forma idéntica; el cabildo tenía prevista una restauración, el restablecimiento de su carácter primitivo, mientras que Gaudí pretendía una «reforma» en el espíritu de la catedral. Contando con la aprobación del cabildo se retiró el altar barroco del siglo XVIII y se dejó libre el gótico, consagrado en 1346.

Con la retirada del coro de la nave central, se había conseguido una mayor transparencia del espacio interior. Con lámparas y algunos baldaquinos transformó la imagen histórica de la catedral, dónde destacaba la nueva concepción de la zona del altar. El sencillo baldaquino cuadrado, situado encima del altar, debía ser sustituido por otro octogonal, para el cual Gaudí planeó un complejo juego de referencias simbólicas: Las siete esquinas hacen alusión a las siete virtudes del Espíritu Santo, 50 lámparas (siete veces siete más una) debían recordar la fiesta de Pentecostés. A ello se le unían las esculturas de Cristo, María y San Juan en el crucero como símbolo de la divina Redención. Gaudí había pensado además en una suntuosa iluminación a base de luz eléctrica y vidrieras multicolores. En este sentido sólo una parte del baldaquino se vió realizada. Quizá se quería continuar la obra, pero aumentaron las dificultades con el Cabildo Catedralicio; la reforma que Gaudí estaba llevando a cabo iba más allá de lo espiritual, había sido demasiado creativo. Si hubiera concluido la obra, habría impregnado la iglesia con su inconfundible estilo — lo que tampoco hubiera sido un perjuicio para la catedral. De esta forma se redujo a insinuaciones de su arte. Tenía previsto realizar numerosos grupos escultóricos en los que se reflejaba con claridad su trabajo en la Sagrada Familia.

Gaudí abandona las obras de la catedral en 1914. Quizá fuera esta experiencia en Palma la que le decidiera a no volver a aceptar ningun otro encargo y dedicar toda su energía a la Sagrada Familia. Con este ejemplo se había dado cuenta de que, impulsado por su afán de perfeccionismo, podía caer en el peligro de convertir las tareas, que en principio parecían sencillas, en incontables proyectos inacabados.

Baldaquino sobre el altar de la catedral de Palma restaurada por Gaudí.

Palacio Episcopal de Astorga

Si existe alguna obra de Gaudí que pueda calificarse de neogótica, esta sería el Palacio Episcopal de Astorga (León). El antiguo palacio había sido destruido por un incendio. En 1887, el obispo Juan Bautista Grau i Vallespinós encomienda a Gaudí la concepción de uno nuevo. Grau procedía, igual que el artista, de Reus; antes de su nombramiento como obispo había sido vicario general en el arzobispado de Tarragona. Gaudí aceptaría el encargo, si bien no era éste el momento más apropiado para él; se encontraba ocupado de lleno con los proyectos para la Sagrada Familia y el Palacio Güell todavía estaba en obras. Pidió planos concretos del lugar, así como fotografías de los alrededores, sobre todo estos últimos habrían de guiar la concepción externa del edificio. El obispo quedó entusiasmado con sus proyectos; la Academia de San Fernando en Madrid, cuya aprobación era necesaria, mostró por el contrario una actitud reservada.

Fachada principal del Palacio Episcopal de Astorga. Los ángeles a ambos lados debían ser colocados originariamente sobre el tejado.

1. Planta del piso principal
2. Planta del piso superior
3. Vista frontal del lado sudeste
4. Sección transversal

0   10m

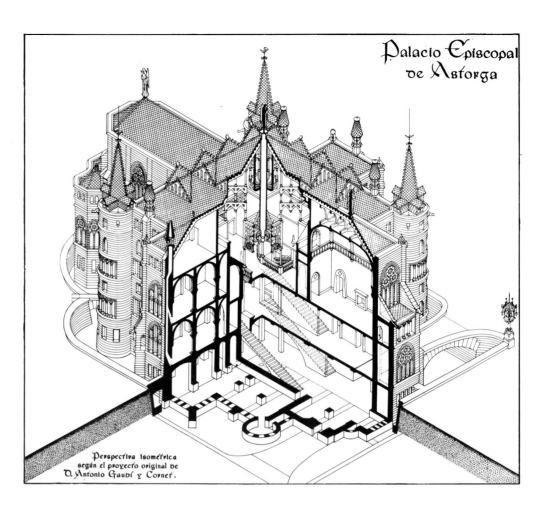

Perspectiva isométrica
según el proyecto original de
D. Antonio Gaudí y Cornet.

*Perspectiva isométrica según el proyecto de
Gaudí.*

Ya entonces se estaba delineando la problemática situación que
Gaudí habría de experimentar hasta 1893, año en el que abandona-
ría las obras. Mientras su protector estuviera con vida podría hacer
realidad todas sus ideas, después que hubo revisado los planos dos
veces siguiendo los deseos de la Academia. Al contrario de lo que
después sería su costumbre, presentó esta vez unos planos suma-
mente precisos para impedir con ello las objecciones que ya preveía.

De acuerdo con la función y el carácter de la obra, se orientó según
el neogótico propagado especialmente por Viollet-le-Duc. Este teórico había recomendado como requisito imprescindible el estudio
intensivo de los antiguos edificios góticos, pero evitando siempre la
copia directa de los mismos.

Gaudí puso en práctica este programa con toda perfección. Se
acercó tanto a los modelos históricos que incluso llegó a hacer uso, en
los capiteles del piso principal, del gótico francés: Las placas estrella-
das de ocho puntas son una imitación directa de la Sainte Chapelle de
París. Salvo esto el aspecto gótico del resto es más bien vago. Las
torres circulares recuerdan más un castillo que una construcción
religiosa. La puerta, que sobresale poderosamente del conjunto,
presenta monumentales arcos los que, en lugar de elevarse hacia lo
alto, han sido achatados y parecen encogerse. También las ventanas
tienen una forma ligeramente apuntada. Tan sólo en el comedor del
primer piso, bien iluminado gracias a las numerosas ventanas, predominan las líneas de inspiración gótica. A pesar de todo, algunos
críticos lo consideran como el mejor ejemplo del neogótico español.

Gaudí empleó en la fachada exterior, a diferencia de todas sus obras anteriores, granito blanco. El material debía servir como atractivo óptico, pero cumplía además una función simbólica: El palacio establecía una correspondencia con las blancas vestiduras episcopales. Esta blanca fachada debía culminar en un tejado también blanco que nunca se llegó a realizar. El obispo Grau falleció antes de la conclusión del edificio y la Junta Diocesana, que nunca había creído demasiado en los planes de Gaudí, intentó inmiscuirse en los mismos y el artista indignado abandonó la dirección de las obras. El palacio no debía ser concluido según sus deseos, el mismo se juró no volver a poner un pie en Astorga, ni siquiera cruzarla en globo.

El palacio no se llegó a terminar hasta 1915, fue ocupado en 1961 y desde 1963 es museo de los Caminos.

Comedor en el piso principal del Palacio Episcopal de Astorga.

La Casa de los Botines

Como Gaudí entablara un número de relaciones personales, los encargos se sucedieron enseguida. Aún estaba ocupado con los últimos trabajos del Palacio Episcopal de Astorga (en los que ya habían aparecido dificultades con la Junta Diocesana), cuando recibió otro trabajo en León. Dos edificios de Gaudí en una ciudad relativamente pequeña eran mucho. León contaba a fines del siglo XIX con 16.000 habitantes y no se destacaba por su especial brillo arquitectónico. Tan sólo algunos antiguos edificios salvaban la imagen de la ciudad: La catedral, construida entre los siglos XIII y XV, el monasterio de San Marcos y un sobrio palacio renacentista.

Los trabajos de Gaudí no nacieron bajo una buena estrella. Los fundamentos de su construcción no estaban en consonancia con el estilo acostumbrado de la ciudad. Se le achacaba la supresión de los contrafuertes, y cuando se colocaron los fundamentos sobre los que descansarían las torres que adornaban las esquinas, la opinión pública temió que la Casa de los Botines (nombrada así por el padre del señor de la casa, Joan Homs i Botinás) se viniera abajo. A pesar de todos los malos presagios, la casa resistió y todavía hoy no presenta ningún síntoma de envejecimiento; entretanto se ha convertido en el domicilio de la Caja de Ahorros leonesa.

Gaudí tenía parte de culpa en esta postura general de escepticismo, nunca estableció contacto con la población, sino que sólo mantuvo conversaciones con el obispo. Había abandonado su pensamiento anticlerical, las largas conversaciones con el obispo de Astorga habían dado sus frutos. Su apariencia de vividor dejó paso a un aspecto más bien ascético, se había cortado la barba y el pelo.

Sus clientes, dos socios comerciales (Mariano Andrés y Simón Fernández), en principio estaban interesados en un establecimiento comercial que, en los pisos superiores, debía acoger algunas viviendas de alquiler. Gaudí se atuvo estrictamente a las funciones deseadas: Almacenes en el sótano y oficinas arriba. Los primeros pisos no necesitan de muros de apoyo, una característica que habría de

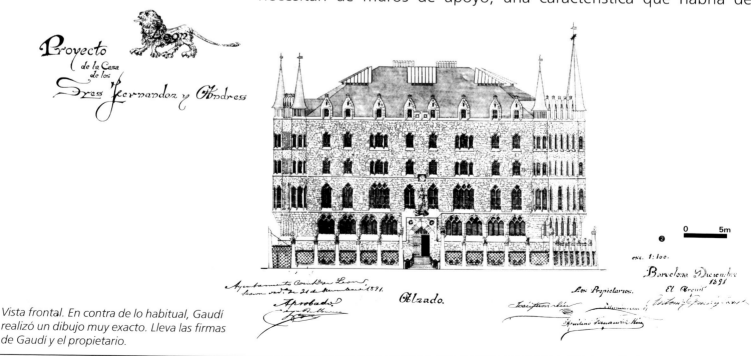

Vista frontal. En contra de lo habitual, Gaudí realizó un dibujo muy exacto. Lleva las firmas de Gaudí y el propietario.

repetirse en sus obras posteriores. Dejando de lado los escasos ornamentos, Gaudí realizó un edificio de aspecto espartano. Como una
gran masa pétrea, se asienta en la central plaza de San Marcelo. Para
contrastar con esta forma masiva – según su estilo en aquellos
momentos –, imprimió algunos escasos acentos goticistas: Las ventanas, redondeadas en la extremo superior, a menudo se dividen en
tres partes, por lo que parecen más anchas. Tan solo las numerosas
arcadas, que transcurren al borde del tejado, presentan la forma
gótica apuntada. El edificio se encuadra claramente dentro de la
trilogía de obras gaudinianas de inspiración gótica, junto con el
Palacio Episcopal de Astorga y el Colegio Teresiano. Aunque todavía
hoy destaca en la imagen de la ciudad, sus habitantes se han acostumbrado a ella. Sobre el portal de entrada se encuentra una escultura de San Jorge y el Dragón; cuando en 1950 se planeó su retirada
de la fachada, se levantó una protesta general y la escultura permaneció en su lugar.

*Fachada principal de la Casa Botines.
Comparada con otras obras de Gaudí
ricamente adornadas, ofrece un aspecto más
bien sobrio.*

Planos para un hotel en Nueva York

Apenas había terminado la Casa Milà, cuando le ofrecieron un segundo proyecto que habría de seducirle por sus enormes dimensiones. En 1908 un comerciante americano, fascinado por su atrevida arquitectura le propuso realizar un gigantesco hotel en Nueva York. El proyecto no llegó a sobrepasar más que unos esbozos realizados por el artista en el estilo típico de aquella época; pero sin embargo revelan mucho sobre sus pensamientos en esos años. En cuanto a la forma, el proyecto estaba inspirado por completo en la citada iglesia. De haberse llegado a realizar, la ciudad habría contado con un especie de hotel-templo. Gaudí planeó un edificio de unos 300 metros de altura (más del doble de la altura prevista para la torre principal de la Sagrada Familia). En el centro de una planta de forma anillada habría de elevarse una gigantesca torre central parabólica como si de un huso se tratara; alrededor de ella planeó otros edificios cupulados de alturas en progresión ascendente. Una grandiosa interpretación de la inmensa fe que los americanos habían depositado en el desarrollo económico.

A la derecha y en la pág. 229: Croquis para un hotel en Nueva York.

Abajo: Gaudí proyectó en 1892 un edificio para la misión católica en Tánger cuyas torres, al igual que en el hotel neoyorkino, se inspiran claramente en las torres campanario de la Sagrada Familia.

Las Bodegas Güell se levantan sobre una prominencia desde la que se tiene una magnífica vista del Mediterráneo. Este edificio fue atribuido durante mucho tiempo a su amigo, Francesc Berenguer i Mestres; pero lo más probable es que ambos trabajaran en él.

Las bodegas Güell

En la literatura sobre el artista no se suele hacer referencia a estas bodegas, construidas por Gaudí para su protector Eusebi Güell en Garraf (Sitges), ya que durante mucho tiempo se habían atribuido a su amigo y colaborador Francesc Berenguer i Mestres. De hecho el edificio no parece a primera vista ser una obra típica del artista. La combinación de bloques de piedra sin desbastar con pasajes' de ladrillo acusa cierto parecido con sus obras de los años 80 y 90; pero esta conjunción de materiales no era una creación de Gaudí, él sólo la utilizó para adornar los edificios, convirtiendo así el simple material constructivo en un elemento decorativo. Las bodegas constan de una serie de formas completamente diferentes entre sí: Sobre las bodegas se encuentra una planta que sirve de vivienda y encima una capilla. Desde el punto de vista formal, desentona por completo con el resto de su obra; ni siquiera se puede encontrar una correspondencia con las fantásticas construcciones de inspiración árabe en su época temprana. A pesar de todo, tropezamos con todo tipo de estructuras típicamente gaudinianas. Por ejemplo, se encuentran variados arcos parabólicos, en las ventanas de aspecto moderno, como arco de entrada e incluso a modo de puente que conduce a una torre medieval.

También el tejado ostenta la firma de Gaudí y esto no sólo en la superficie exterior, sino en la estructura. Los tejados de sus edificios debían ser a un tiempo «parasol y sombrero», un principio que plasmaría a la perfección en la Casa Batlló. En el caso de las Bodegas daría un paso más; concibió el edificio como un gran tejado que en uno de los lados avanza casi hasta el suelo. De esta forma la obra adoptaba la forma de una tienda de campaña; de ahí que se la haya comparado con las pagodas del lejano oriente.

La portería también presenta una característica propia del artista. La entrada se cierra con una puerta compuesta por grandes cadenas de hierro, si bien no es tan grande como la puerta en forma de dragón de la Finca Güell. También se encuentra colgada sólo en un extremo de mayor altura; la forma básica de esta puerta sigue la misma concepción que la puerta del dragón.

Pabellón de entrada a las Bodegas Güell. La portería y la puerta forman una unidad.

Antoni Gaudí 1852–1926
Vida y Obra

1852 Hijo de Francesc Gaudí i Serra y Antònia Cornet i Bertran, nace el 25 de junio en Reus (Tarragona).

1863–1868 Pasó el período escolar en el Colegio de los Padres Escolapios de Reus, un colegio monástico.

1867 Gaudí publica por primera

Casa de los padres de Gaudí en Riudoms (Tarragona).

vez algunos dibujos en la revista «Arlequín» escrita a mano y con una tirada de 12 ejemplares. También pinta los bastidores para algunas representaciones teatrales del colegio.

1869–1874 Gaudí realiza el curso preparatorio para arquitectura en la Facultad de Ciencias de la Universidad de Barcelona.

1870 En relación con los proyectos de restauración del monasterio de Poblet, copia el blasón del abad del libro de J. Finestres.

1873–1877 Estudios en la Escola Provincial d'Arquitectura de Barcelona. Durante este período llevó a cabo numerosos proyectos entre los que destaca la puerta de un cementerio, un hospital en Barcelona y un embarcadero. Al mismo tiempo trabajaba en el despacho de algunos arquitectos como Josep Fontseré y Francisco de Paula de Villar, que más tarde habría de

comenzar la Sagrada Familia. Colabora con Villar en los trabajos del Monasterio de Montserrat.

1876 Fallecimiento de su madre.

1878 Poco antes de acabar sus estudios obtiene el primer encargo público. Tenía que proyectar para la Ciudad Condal una serie de farolas. En 1879 se instalan las primeras farolas en Barcelona. El 15 de marzo obtiene su título de arquitecto. Gaudí diseña el escaparate para la tienda del comerciante de

Gaudí recibió su formación en la Academia de Bellas Artes.

Cartel diseñado por Gaudí para la Cooperativa Mataronense.

guantes Esteve Comella. El escaparate llama la atención de Eusebi Güell, quien por primera vez se fija en el arquitecto. Al mismo tiempo el artista trabaja intensivamente en el proyecto para la Cooperativa Mataronense, el cual habría de ser presentado en la Exposición Universal de París en 1878. Después de sus estudios toma parte en las excursiones por los alrededores para visitar antiguos monumentos, organizadas por la Asociación de Arquitectos de Cataluña y la Associació Catalanista d'Excursions Científiques. Manuel Vicens i Montaner le encarga la construcción de una casa.

1879 Muere su hermana, Rosita Gaudí de Egea.

1881 Gaudí publica un artículo sobre la exposición de las artes industriales en los días de la Renaixença. Este habría de ser su único trabajo periodístico. Entretanto se imprimen, en la imprenta.

de Jepús, todos los planos realizados y firmados por Gaudí para la Cooperativa Mataronense.

1882 Gaudí trabaja en estrecha cooperación con Joan Martorell y, a través de él, entra en contacto con el estilo neogótico.

1883 Proyecta un pabellón de caza para Eusebi Güell en Garraf (Sitges). A propuesta de Martorell, el 3 de marzo comienza su trabajo en la Sagrada Familia como sucesor de Villar.

1883–1888 Trabajos en la Casa Vicens, así como el inicio de las obras del Capricho, una casa de campo en Comillas (Santander) para Don Máximo Díaz de Quijano. Debido a que su residencia habitual es Barcelona, transfiere la dirección de las mismas al arquitecto Cristófol Cascante i Colom.

1884–1887 Gaudí construye para Güell en su finca de Les Corts la zona de la entrada y las caballerizas. La primera gran obra realizada para el mecenas.

1886–1888 Gaudí edifica para Güell un palacio urbano en Barcelona. Durante el transcurso de las obras viaja, en compañía del segundo Conde de Comillas, por Andalucía. Una señal de la creciente fama del artista.

1887–1893 Gaudí trabaja en el Palacio Episcopal de Astorga.

1888–1889 Se continúan los trabajos del Colegio Teresiano.

1891–1892 Construcción de la casa de los Botines en León. Al mismo tiempo, viaja a Málaga y Tánger para visitar el lugar donde habría de erigirse la misión franciscana que debía realizar.

1893 Muere el obispo de Astorga. Gaudí concibe para él, su protector, el catafalco y la losa de la tumba. Abandona los trabajos del Palacio Episcopal por las crecientes diferencias con la Junta Diocesana.

Taller de Gaudí en la Sagrada Familia con incontables modelos en yeso.

Foto de Gaudí extraída de su carnet para la Exposición Universal de Barcelona en el año 1888.

1894 Con un severo ayuno durante la Cuaresma pone en peligro su vida; un incidente que muestra lo mucho que Gaudí se había acercado a la religión, frente a la cual había mantenido una actitud de frialdad en sus años jóvenes.

1895–1897 En cooperación con su amigo Francesc Berenguer i Mestres, construye unas bodegas para Güell en Garraf (Sitges). Durante mucho tiempo no se tuvo noticia de su participación en este trabajo.

1898 Gaudí comienza los proyectos de la iglesia para la Colonia Güell. Aunque los trabajos se extenderán hasta 1916, nos dejará una obra en gran parte incompleta. De la citada iglesia sólo se llegará a levantar la cripta y el pórtico de entrada.

1898–1899 Gaudí construye la casa Calvet en Barcelona, por ella recibirá en 1900 el premio de la ciudad al mejor edificio del año.

Esta habría de ser la única distinción honorífica que recibiría.

1900 Gaudí acepta el encargo de realizar para el Monasterio de Montserrat el Primer Misterio de Gloria perteneciente a un proyecto para un gran rosario.

1900–1909 En el terreno donde se asentaba la residencia de campo de Martí I, levanta para María Sagués una casa en el estilo de los castillos medievales. El edificio se encuentra en una colina delante de Barcelona y, dada su hermosa panorámica, recibió el nombre de «Bellesguard».

1900–1914 En 1900 comienzan los trabajos del ambicioso proyecto de Güell en Gràcia (entonces en la periferia de Barcelona), una gran ciudad-jardín. De las viviendas planeadas tan solo se levantaron dos a la entrada del terreno. Hasta 1914 Gaudí realiza la zona de la entrada, la gran terraza y la compleja red de caminos y veredas.

1901 Gaudí levanta para la finca

Cortejo fúnebre del entierro de Gaudí delante de la Sagrada Familia.

del fabricante Miralles un muro y una puerta de entrada.

1903–1914 Gaudí restaura la catedral de Palma de Mallorca. Un intento de devolverle al interior de la catedral su antiguo sentido litúrgico.

1904–1906 Reforma de la casa de Josep Batlló en Barcelona. El resultado es una construcción completamente nueva en un estilo revolucionario y atrevido para aquella época.

1906 Gaudí se traslada a una de las casas del Parque Güell para evitarle a su anciano padre el subir las escaleras. Su padre fallece el 29 de octubre de ese mismo año.

1906–1912 Construcción de la casa Milà, dada su envergadura es considerada como el proyecto civil más grande llevado a cabo por el artista.

1908 Gaudí recibe el encargo de edificar un hotel en Nueva York. Quedaría reducido únicamente a los croquis que, sin embargo, descubren una audaz visión arquitectónica. En el mismo año planea una capilla para el Colegio Teresiano, el proyecto fracasa por falta de acuerdo entre el artista y la priora del colegio. Se inician los trabajos de la Cripta de la Colonia Güell en Santa Coloma.

1909 Gaudí construye la escuela comunal de la Sagrada Familia.

1910 En París tiene lugar una exposición de la Société Nationale de Beaux-Arts donde se presentan numerosos trabajos de Gaudí. La única gran exposición en el extranjero mientras el artista estuvo con vida. Eusebi Güell recibe el título de conde.

1912 Fallece la sobrina de Gaudí, Rosa Egea i Gaudí, a la edad de 36 años.

1914 Fallece su íntimo amigo y colaborador Francesc Berenguer i Mestres; en su compañía había pasado su primer día de escuela en Reus con el propio padre de Berenguer. Gaudí decide trabajar únicamente en la Sagrada Familia.

1926 Gaudí es atropellado por un tranvía el 7 de junio mientras daba un paseo. Tres días después falleció en el Hospital de la Santa Creu de Barcelona.

Génesis e historia de la Sagrada Familia

1866 Josep Bocabella i Verdaguer funda la Congregación de Devotos de San José.

Gaudí (izda) explica la Sagrada Familia a Eusebi Güell y al obispo Torras i Bages.

1875 El plan de la catedral cobra forma, tomando como modelo la basílica de Loreto en Italia.

1877 El arquitecto de la diócesis, Francisco de Paula de Villar, se ofrece gratuitamente para diseñar un plano.

1882 El 19 de marzo se pone la primera piedra según el plano de Villar.

1883 El 3 de noviembre acepta Gaudí, tras la dimisión de Villar, su trabajo como arquitecto de la Sagrada Familia.

1884–1887 Construcción de la Cripta.

1885 Se ensancha la capilla de San José. De 1891 a 1900 se levanta la fachada este.

1898 Gaudí decide transformar la planta de las torres-campanario. La construcción, en principio cuadrada, se continua en forma circular.

1900 Se concluyen los trabajos decorativos básicos de los tres portales de la fachada este. Las torres han alcanzado una altura de 32 metros.

1906 A partir de ahora los trabajos se continuan de forma intermitente por falta de fondos económicos.

1911 Dibujo para la fachada de la Pasión.

1914 Las obras se interrumpen por falta de dinero. Los costes alcanzaban hasta ese momento 3,3 millones de pesetas. Se realiza una maqueta en yeso de la iglesia.

1917 Se añade el proyecto de monumento a Torres i Bages en la fachada de la Pasión.

1925 El 30 de noviembre se completa la torre consagrada a San Bernabé.

1926 El 10 de junio muere Gaudí y es enterrado en la cripta.

1927–1930 Se concluyen las tres torres restantes de la fachada este.

1936 Incendio de la cripta. Se destruye parte del archivo de Gaudí con sus dibujos y modelos.

1954 Se comienzan los cimientos de la fachada oeste.

1976 Cincuentenario de la muerte de Gaudí. Se termina el remate de las torres de la fachada oeste.

1985 Conclusión de la fachada oeste.

Situación de las obras

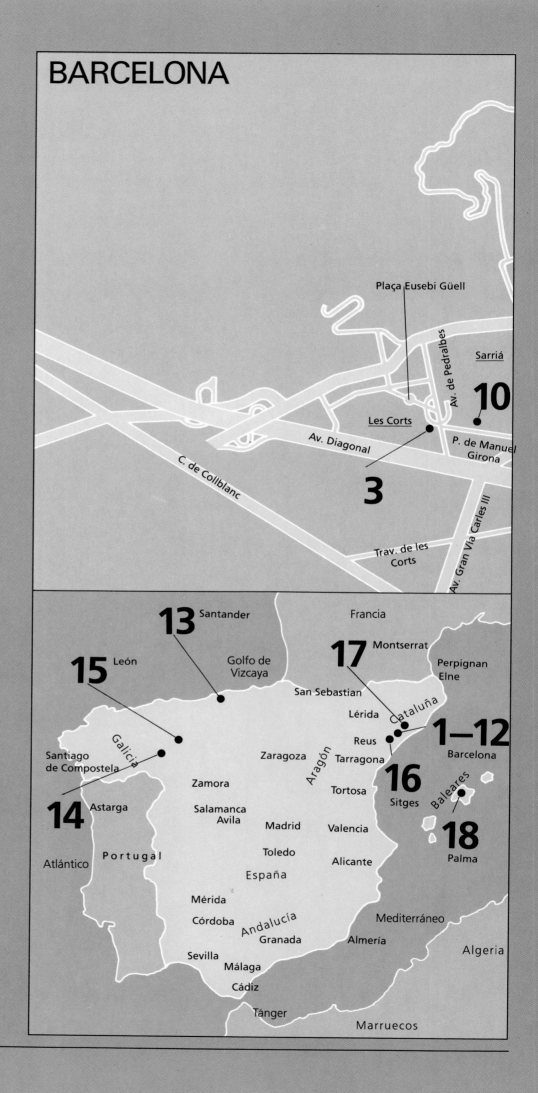

BARCELONA

Plaça Eusebi Güell

Sarriá

Av. de Pedralbes

10

Les Corts

Av. Diagonal

P. de Manuel Girona

C. de Collblanc

3

Trav. de les Corts

Av. Gran Via Carles III

13 Santander

Francia

17 Montserrat

Perpignan Elne

15 León

Golfo de Vizcaya

San Sebastian

Cataluña

Lérida

1—12

Reus

Barcelona

Santiago de Compostela

Galicia

Zaragoza

Aragón

Tarragona

16

14 Astarga

Zamora

Tortosa

Sitges

Baleares

Salamanca Avila

Madrid

Valencia

18

Atlántico

Portugal

Toledo

Alicante

Palma

España

Mérida

Córdoba

Andalucía

Mediterráneo

Granada

Almería

Sevilla

Algeria

Málaga

Cádiz

Tánger

Marruecos

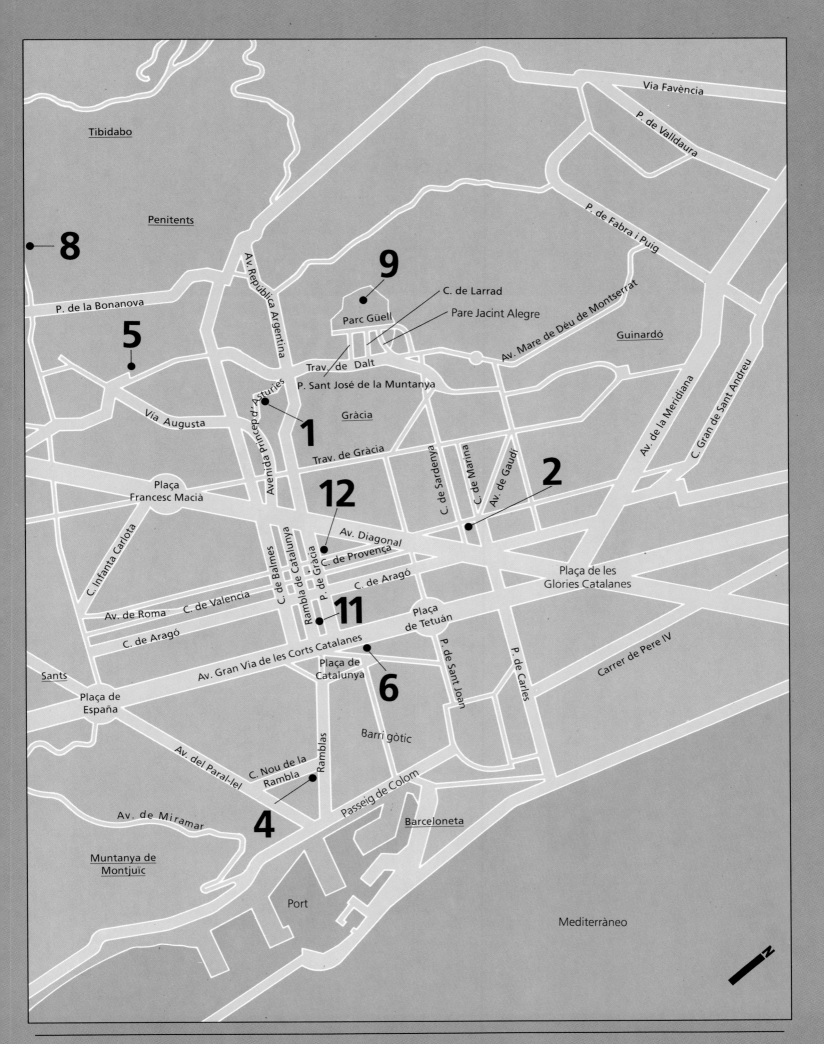

8

Tibidabo

Penitents

P. de la Bonanova

5

Av. República Argentina

Via Augusta

Avenida Princep d'Asturies

Plaça
Francesc Macià

C. Infanta Carlota

1

Gràcia

Trav. de Gràcia

9

Parc Güell

C. de Larrad

Pare Jacint Alegre

Trav. de Dalt

P. Sant José de la Muntanya

Av. Mare de Déu de Montserrat

Guinardó

C. de Sardenya

C. de Marina

Av. de Gaudí

Av. de la Meridiana

C. Gran de Sant Andreu

P. de Valldaura

Via Favència

P. de Fabra i Puig

2

12

Av. Diagonal

C. de Provença

P. de Gràcia

C. de Balmes

Rambla de Catalunya

C. de Valencia

Av. de Roma

C. de Aragó

C. de Aragó

11

Plaça de
Catalunya

6

Plaça
de Tetuán

P. de Sant Joan

Plaça de les
Glories Catalanes

P. de Carles

Carrer de Pere IV

Sants

Plaça de
España

Av. Gran Via de les Corts Catalanes

Barri gòtic

Av. del Paral·lel

C. Nou de la
Rambla

Ramblas

4

Av. de Miramar

Passeig de Colom

Barceloneta

Muntanya de
Montjuïc

Port

Mediterràneo

Bibliografía

Hoy en día apenas si se puede abarcar toda la literatura escrita sobre Antoni Gaudí. Al principio expresaron su opinión sobre los trabajos del maestro y sus intenciones sus amigos más íntimos; pero, sin embargo, pronto apareció todo una avalancha de publicaciones que se ocupaban de las visiones futuristas que su obra ofrecía.

Tan sólo una bibliografía de la American Association of Architectural Bibliographers mencionaba, en el año 1973, 843 publicaciones sobre Gaudí y su arquitectura.

Entretanto han aparecido otras muchas publicaciones.

El presente libro no pretende ser un trabajo original de investigación; es más bien una introducción a la obra de Gaudí cuyo fin consiste en despertar el interés del lector en conocer dicha obra.

La bibliografía selecta que adjuntamos quiere proporcionar una ayuda a quienes deseen profundizar sus conocimientos sobre el tema.

Una introducción general al Modernismo (Art Nouveau), con una pequeña reseña sobre la aportación de Gaudí a este estilo, se encuentra en las siguientes obras:

Schmutzler, Robert: Art nouveau-Jugendstil. Stuttgart, 1962.

Madsen, Stefan Tschudi: Jugendstil. Europäische Kunst der Jahrhundertwende. Munich, 1967.

Muy recomendable es el amplio catálogo publicado en 1986 con motivo de la exposición en la Villa Stuck de Munich; más que un catálogo, se trata de una introducción ilustrada a la arquitectura de Gaudí.

Una obra insustituible es el gran libro sobre Gaudí escrito por César Martinell. El autor conversó con numerosos contemporáneos del artista y ofrece un amplio material sobre la persona del arquitecto al que de otra forma no hubieramos tenido acceso, sobre todo si se tiene en cuenta que el arquitecto rara vez hizo declaraciones escritas. No se puede prescindir de este libro como transmisión de las manifestaciones orales de Gaudí.

Juan Bassegoda Nonell: Arte y arquitectura. Tokyo 1978.

Martinell, César: Antoni Gaudí. Barcelona 1967.

Boeck, Wilhelm: Antonio Gaudí. Catálogo de la exposición de Baden-Baden con una corta descripción de los edificios. Baden-Baden, 1961.

Catálogo de la Exposición «50 años de Gaudi», confeccionado por *Juan Bassagoda Nonell:* Profesor titular de la Cátedra Gaudi. Barcelona (Fundació Caixa de Pensions), 1985

Camprubi-Alemany, F: Die Kirche der Heiligen Familie in Barcelona. Disertación. Munich, 1959.

Collins, George R: Antonio Gaudí. Ravensburg, 1962.

Ulrich Conrads y Hans G. Sperlich: Phantastische Architektur. Stuttgart, 1960.

Dalisi, Riccardo: Antonio Gaudí – Möbel und Objekte. Stuttgart, 1981.

Giedion-Welcker, C: El parque Güell de A. Gaudí. Barcelona, 1966 (con textos en español, alemán, inglés y francés).

Güell, Xavier: Antoni Gaudí. Zurich y Munich, 1987.

Hitchcock, Henry-Russell: Gaudí. Nueva York, 1957.

Ràfols, José F: Gaudí. Barcelona, 1960 (tercera ed.)

Schweitzer, Albert: Aus meinem Leben und Denken (Leipzig, 1932). Contiene la memoria de un encuentro temprano con Gaudí.

Solà-Morales, Ignasi de: Gaudí. Stuttgart, 1983.

Sterner, Gabriele: Barcelona: Antoni Gaudí y Cornet. Architektur als Ereignis. Colonia, 1979.

James Johnson Sweeney y Josep Lluís Sert: Antonio Gaudí. Stuttgart, 1960.

Wiedemann, Josef: Antoni Gaudí. Inspiration in Architektur und Handwerk. Munich, 1974.